HISTOIRE

DE LA

CIVILISATION JAPONAISE

MICHEL REVON

Ancien Professeur à la Faculté de Droit de Tokio,
Ancien Conseiller légiste du Gouvernement japonais,
Chargé de Cours à la Faculté des Lettres de l'Université de Paris.

HISTOIRE
DE LA
CIVILISATION JAPONAISE

INTRODUCTION

Armand Colin & Cie, Éditeurs

5, rue de Mézières, Paris

1900

A MON AMI

KENDJIRÔ OUMÉ

Ancien Président du Conseil législatif,
Professeur à la Faculté de droit de Tôkio.

Affectueux souvenir

M. R.

HISTOIRE

DE LA

CIVILISATION JAPONAISE

INTRODUCTION

Pour qui considère d'un coup d'œil d'ensemble, en cette fin du XIXe siècle, le progrès de l'humanité, il est clair que, de plus en plus, l'art disparaît devant la science. Les facultés brillantes qui charmèrent l'enfance des peuples se sont depuis longtemps affaiblies; en revanche, avec l'âge viril, la pensée abstraite s'est développée; l'imagination s'efface, la raison grandit.

Rien de plus évident que cette transformation, en ce qui concerne l'histoire. Jadis, elle était surtout un art, qui ne renfermait qu'un peu de science; aujourd'hui, elle est surtout une science, qui peut s'envelopper de plus ou moins d'art. Les simples conteurs des temps passés ont engendré des philosophes; l'adoration des faits a cédé à la recherche des lois; on a compris que la littérature était peu de chose, devant le formidable édifice qu'élève la science moderne, et que la mission de l'historien n'était plus d'amuser un public frivole, mais d'apporter sa pierre à un monument éternel.

C'est pourquoi, comme toute science positive, l'histoire doit avoir un objet sérieux, une méthode précise, des fins austères; et c'est pourquoi aussi l'historien qui sent la dignité de sa science ne doit pas craindre d'exposer, avant toutes choses, comment il se propose d'atteindre ces fins, en travaillant d'après cette méthode, sur cet objet.

I

Ce qu'il convient d'établir, dès le début, ce sont les fins mêmes de l'histoire : car de ces fins dernières dépend tout le reste, et pour qui les voit bien, l'objet et la méthode se trouvent d'avance déterminés. Si vous faites un voyage, le terme où vous tendez vous indique assez les pays à traverser, les routes à suivre. De même, dans les pèlerinages qu'on peut faire à la recherche de la vérité, le but donne les moyens. En matière de science, il ne s'agit pas d'errer au hasard, sans nul dessein, pour le seul plaisir de visiter sans cesse des régions plus ou moins curieuses; il s'agit de savoir d'abord ce qu'il importe le plus à l'homme de connaître, et de se diriger dans ce sens. Parmi les érudits, combien ont fait œuvre vaine, pour n'avoir pas su où ils allaient! Que de temps perdu à d'inutiles excursions! Que de sottes recherches! C'est que la science n'est pas un art d'agrément : elle est une lumière et une force, la plus haute lumière qui brille sur le genre humain, la plus puissante force qui l'entraîne dans ses voies; et pour la maintenir dans cette dignité qui est sa gloire, il faut, de plus en plus, la restituer à sa destination véritable : il faut la mêler sans cesse à la vie des peuples, afin qu'elle les secoure dans leur marche et qu'elle les conduise à l'idéal. Or, si l'on considère l'histoire à ce point de vue, on peut lui accorder trois fins essentielles, qui correspondent à trois grands besoins de l'humanité : une fin scientifique, d'abord; mais aussi, une fin sociale; et même, plus haut encore, une fin religieuse.

A première vue, la fin scientifique de l'histoire semble évidente. Pourtant, il n'est pas inutile de l'affirmer, puisque tant de siècles l'ont méconnue; et il importe surtout de la préciser, pour éviter tout malentendu nouveau. Qu'on relise les histoires des peuples très anciens : la mémoire, l'imagination s'y jouaient librement, avec une fantaisie d'autant plus charmante que nul souci austère n'en alourdissait le vol léger; c'étaient de beaux récits, très faux et très poétiques; le monde était jeune : il faisait des vers. Plus tard, la raison est venue et, avec elle, la critique ; une recherche ardente de la vérité a succédé aux glorieux mensonges d'autrefois ; on a pesé les faits, on les a discutés, on a rejeté toute monnaie douteuse. Travail excellent, qui apparaîtra sans contredit, aux yeux de la postérité, comme un des premiers mérites du XIXe siècle. L'erreur serait de croire que, cette œuvre accomplie, l'histoire soit achevée ; en réalité, les matériaux sont éprouvés, mesurés, taillés : il reste à bâtir. C'est que la science ne consiste pas à collectionner des faits, mais à les classer, à les comparer, à en faire surgir des lois générales. La curiosité n'est pas l'esprit scientifique : elle n'en est que la condition. L'érudition n'est pas la science : elle n'en est que l'indispensable auxiliaire. Un architecte ne pourrait rien sans le secours de cent maçons : mais cent maçons ne font pas un architecte. On l'a trop oublié ; on a trop confondu les préliminaires de la science avec la science elle-même. C'est ainsi que, par une sainte horreur des vagues notions d'autrefois, on s'est souvent jeté dans un autre excès, dans une adoration des faits qui n'est qu'une idolâtrie, tant qu'elle ne s'élève pas jusqu'aux lois. Un narrateur, qui étudie avec passion une époque, peut y appliquer la critique la plus ingénieuse, la plus pénétrante, y distinguer très finement le vrai du faux, extraire des documents ce qu'ils contiennent de certain, l'exposer habilement au public et emporter l'admiration des lettrés : il n'aura pas fait un seul instant de la science, s'il n'a pas tiré de ces événements les lois qu'ils recèlent ; car la science est la recherche des lois. Dans toute chose contingente, il y a une parcelle d'absolu ; pour faire œuvre de science, il faut la dégager ; mais pour la dégager, il faut l'avoir cherchée, et c'est ce que tant d'érudits négligent, parce qu'ils ignorent le but même de leurs efforts. De ce qu'un homme de lettres aura employé, pour la critique des faits, une méthode exacte, il ne s'ensuit pas du tout que son occupation aura eu un caractère scientifique ; l'histoire n'est une science qu'à la condition d'avoir une fin scientifique ; le meilleur outil produit de mauvais ouvrage, s'il porte à faux. Un laborieux chercheur trouve que, dans tel pays, à tel moment, il existait telle vieille coutume : il vérifie l'authenticité des documents, décide qu'il y a lieu d'y croire, expose le fait, sans en avoir vu d'ailleurs le sens caché, et il s'en tient là; est-ce de la science? Mais vient un penseur qui, ramassant ce détail perdu, se demande si le même usage n'existerait pas aussi en d'autres temps et dans d'autres lieux, relit les descriptions de mœurs des peuples anciens, parcourt les récits des voyageurs qui nous ont peint les traits des peuples sauvages, constate que le même fait se retrouve toujours dans tel état donné de la civilisation, et, par des rapprochements sûrs, démontre que telles circonstances précises ont amené partout, toujours, pour telles raisons profondes, le même résultat : celui-là a trouvé une loi générale, qui se rattache à l'histoire même de l'esprit humain; il a fait de la science positive. Telle doit être, de plus en plus, l'ambition de tout historien sérieux. Derrière les faits particuliers, qui ne sont rien par eux-mêmes, il voudra découvrir les grandes lois qu'ils expriment; sous les événements, qui ne sont que des indices extérieurs, il cherchera l'esprit; il atteindra ainsi les causes des effets, les causes des causes. L'histoire aura rempli sa fin scientifique, et sous l'enveloppe flottante des réalités d'un jour, on verra briller les lois éternelles, les lois splendides que ces réalités cachent au narrateur, qu'elles révèlent à l'historien.

Cette fin scientifique suffirait déjà à placer l'histoire très haut dans la hiérarchie de nos connaissances. Mais la science n'est pas tout, et si, de cette élévation où elle siège, elle ne se penchait avec pitié sur la vie des peuples, sa suprême vanité éclaterait à tous les regards. Il faut que ses visions théoriques répondent aux besoins pratiques de l'humanité; il faut que sa pure lumière se fasse chaleur, énergie active, pour le bien public; et cette noble fonction d'utilité sociale, elle peut sans contredit l'accomplir. — S'il est établi, en effet, que les événements passés ont obéi à des lois, il est clair que les événements futurs doivent obéir aux mêmes lois. Étant donné qu'une situation historique connue s'est transformée, sous l'influence de certaines causes connues, en une autre situation historique connue, n'est-il pas évident que, si le premier état de choses se retrouve dans une société moderne, on pourra le métamorphoser de la même manière en y appliquant les mêmes moyens? Or, dans l'évolution des peuples les plus divers, on voit sans cesse les mêmes mouvements se reproduire, rythmés par les mêmes forces; l'histoire se répète, et avec des analogies intimes si frappantes que la variété de certaines apparences externes ne sauraient tromper un œil clairvoyant. Par suite, connaissant telle évolution qui s'est déjà opérée dans une société plus avancée, on peut prévoir où tend une même évolution en train de s'opérer dans une société moins avancée; et par suite aussi, on peut diriger cette évolution nouvelle, la précipiter ou la ralentir, peut-être même l'arrêter net et la remplacer par une évolution différente qu'on provoquera d'une main sûre, en faisant naître, en supprimant ou en modifiant, dans toute la mesure où peut s'exercer la liberté humaine, les causes génératrices que l'histoire a montrées ailleurs. L'expérience du passé, sondé dans ses lois profondes, voilà la véritable école de l'homme d'État moderne, que tant de travaux peuvent maintenant éclairer; un politique ne sera jamais qu'un conservateur sot ou un révolutionnaire aveugle, s'il n'est historien; et l'on peut dire que, de plus en plus, dans l'avenir, si les démocraties ne prennent pour guides des hommes sérieusement versés dans l'histoire, elles ne se donneront que de stupides meneurs. C'est que toute action sociale, pour être efficace, exige une lente évolution : autrement, une brusque réaction se produit, qui détruit les résultats de l'action première; tout est à recommencer, ou à peu près tout. Mais pour obtenir cette lente évolution, seule garantie d'un progrès durable, il ne faut pas avoir en vue uniquement la réforme que l'on désire : il faut examiner toutes les conditions préliminaires qui vont favoriser ou entraver cette réforme, puis agir sur ces conditions elles-mêmes, d'où la réforme rêvée sortira tout naturellement; or, comment connaître ces conditions, sans une étude très attentive du passé? Sans doute, la politique est chose difficile: on ne manie pas les éléments vivants d'une transformation sociale comme les éléments bruts d'une expérience de chimie; le problème est infiniment plus malaisé, parce qu'il est infiniment plus complexe. Mais, de ce qu'il est plus complexe, il suit précisément qu'on doit y appliquer une analyse plus ardente, distinguer d'un œil plus perçant les éléments féconds, pour les développer et les combiner, les éléments dangereux, pour les écarter, calculer d'avance toutes les réactions possibles, et arriver enfin à une vue des choses assez claire pour être assuré que, si l'on n'aboutit pas à de grands progrès, du moins on n'aura pas commis de trop grosses sottises. Cette compréhension lucide d'un problème social ne naît pas spontanément dans l'esprit : elle n'a jamais été un don de nature ; les hommes de génie qui se fiaient trop à l'inspiration, en pareille matière, n'ont jamais produit que des désastres : l'art de conduire les peuples ne s'invente pas, il s'acquiert. Comment ? Par la science des lois historiques. La politique veut un art prudent : mais cet art ne peut dériver que d'une science solide. La première qualité de l'homme d'État, c'est l'intelligence, et l'intelligence des choses d'ici-bas ne vient point à celui qui interroge les étoiles ; elle vient à celui qui, se penchant sur la terre, écoute la voix des morts, pour deviner ce que doivent faire les vivants. On n'accomplira de réformes sûres que le jour où l'on saura lire, d'avance, les choses de l'avenir dans celles du passé ; on ne dirigera bien les sociétés que lorsqu'on aura maîtrisé, par de profondes études historiques, les lois générales de leur développement.

Découvrir les lois de l'histoire, c'est bien ; les appliquer au bonheur des hommes, c'est encore mieux : mais là ne s'arrête pas la mission de notre science. En effet, au-dessus des froides clartés intellectuelles qu'elle livre au chercheur, au-dessus même des grands intérêts pratiques qu'elle peut avoir dans la conduite des affaires humaines, une fin plus haute l'élève jusqu'à ces régions sereines où la pensée et l'amour se confondent dans la contemplation d'un idéal supérieur. L'histoire était science, et bienfaisance ; maintenant, elle va se faire religion. — Regardons le monde contemporain : il est apparent que, de plus en plus, les antiques religions perdent leur prise sur les âmes. Chaque jour, il devient plus inutile de se demander si c'est là un bien ou un mal : c'est un fait, qu'il faut accepter ; car à supposer même qu'il soit désirable de ramener les peuples aux anciens symboles, comment remonter un tel courant ? Mais cela veut-il dire que l'humanité va perdre tout idéal ? Non certes : l'instinct religieux est éternel ; il ne disparaît pas, il se transforme. Dans les siècles des siècles, les hommes éprouveront le besoin de quitter par instants les soins vulgaires de la vie pour songer aux choses du mystère ; toujours il leur faudra un autre pain que le pain. La science a répandu dans les masses, d'une main peut-être imprudente, des idées qui, malgré tout ce que peuvent soutenir les plus ingénieux apologistes, sont manifestement contraires à l'esprit de la foi chrétienne et qui, en fait, ont détruit cette foi dans des millions d'âmes. De là, une crise morale, non moins visible, en des esprits qui ne comprenaient l'idéal que sous certaines formes matérielles, et qui maintenant ne retrouvent plus leur conscience, parce qu'ils ont perdu leurs dieux. Beaucoup regretteront qu'on ait ainsi brisé les saintes idoles qui faisaient la force de tant d'âmes, avant de savoir par quoi on les pourrait remplacer ; et il est bien certain que, dans l'état présent de l'instruction générale, on a rendu un mauvais service au peuple en le dépouillant d'un trésor sensible, à sa portée, pour lui offrir en échange un trésor abstrait que, de longtemps, il ne pourra saisir. Sans nul doute, il eût mieux valu que la science moderne gardât ses hautes spéculations enfermées dans quelques volumes latins ouverts à une élite, inaccessibles au gros public. Mais, avec le développement actuel de l'imprimerie, une telle combinaison était évidemment impossible. Or, s'il peut être bon de refuser provisoirement la lumière aux yeux qu'elle doit fatalement aveugler, il n'est pas permis d'en priver, un seul instant, les âmes qui sont dignes de la contempler. Donc, malgré tout, puisqu'il fallait mettre cette lumière, ou bien sous le boisseau, ou bien sur le chandelier, les savants de notre siècle ont eu raison de la manifester, éclatante, à tous, aux fils de la nuit eux-mêmes. Le mal est fait ; il n'y a plus qu'un remède : instruire le peuple, le tirer de l'ombre autant que possible, pour qu'il devienne capable de regarder en face la vérité pure et de comprendre enfin un nouvel idéal. — Cet idéal, c'est la vue franche et sans prismes de tout le relatif que nous pouvons embrasser et de tout l'absolu que nous pouvons deviner, la connaissance chaque jour plus parfaite de cet univers physique et moral qui est le domaine sans cesse élargi de la science humaine, et la conscience chaque jour plus profonde de ce suprême mystère qui a toujours été, qui est et sera toujours le royaume impénétrable de Dieu. Il n'y a rien de grand que la vérité. Plus nous pénétrerons les lois de la pensée qui rêve le monde, de la puissance qui le soutient, plus nous admirerons dans ses œuvres la force intelligente qui règle en se jouant les choses les plus formidables comme les plus exquises, le roulement terrible des corps célestes, en route pour l'infini, aussi bien que la douce palpitation des frêles étoiles vivantes, écloses au sein des abîmes, les plus énormes rythmes de la matière aussi bien que les plus fragiles ressorts de la vie, tout le branle effroyable de l'infiniment grand et toutes les délicatesses ravissantes de l'infiniment petit, avec l'homme entre deux, avec ce cœur qui ne dort jamais et ce cerveau inquiet qui sonde l'immense fouillis de merveilles ; plus nous reculerons les bornes de notre science, plus nous élargirons cette sphère de connaissances positives qui, chaque jour, multipliant l'étendue et le nombre de ses points de contact avec l'inconnu, tend à s'inscrire dans l'infini lui-même ; plus nous embrasserons d'une ample et vaste étreinte l'ordre divin de l'univers ; et plus nous deviendrons religieux, plus nous sentirons que, non seulement, comme disait Képler, Dieu a attendu durant des milliers d'années des contemplateurs dignes de le comprendre, mais que jamais, jamais nous ne serons dignes de nous tenir devant lui pour l'adorer. Pauvre humanité, qui, du sein des choses contingentes où elle se traîne, n'avait pas craint de rêver une définition de cette existence prodigieuse, dont le seul nom est : l'Absolu ! Pauvres petits moucherons, êtres de rien, imbéciles et misérables, qui avaient osé faire Dieu à leur image, lui appliquer sans honte les attributs de leur néant ridicule, et décider que la cause première de tout, l'indépendance suprême, l'unique perfection est le grossissement infini d'une âme d'insecte ! Le progrès de la science nous a rendus plus humbles et plus religieux. Nous ne prétendons plus connaître l'inconnaissable ; nous n'avons plus l'espoir de lui rendre un culte qui ait quelque valeur devant sa majesté ; nous reconnaissons qu'entre lui et nous, il n'y a point de commune mesure. Mais nous sommes certains qu'il existe; car autrement, où aurions-nous pris l'idée d'absolu? Ce n'est assurément pas nous, avec nos cervelles d'êtres infimes, enfoncés dans le relatif, qui l'aurions trouvée tout seuls; elle vient de plus haut. Or, à moins de prétendre que c'est le relatif qui est l'absolu, il faut bien admettre que cette notion d'absolu correspond à une réalité positive. Il y a donc un Dieu, de qui nous ne savons rien, sinon qu'il existe. Adorons-le en esprit, par l'étude et la contemplation sereine de ses œuvres; tâchons d'organiser, d'après ce que nous pouvons saisir du plan divin, ce monde humain troublé dont nous faisons partie; puis, confessons sans peine que, devant celui qui est tout, nous ne sommes rien, et du fond de notre misère, consciente et apaisée, disons comme Bossuet : Vive l'Éternel !... Voilà le culte pur, celui qu'il attendrait de l'humanité s'il pouvait attendre d'elle quelque chose. — C'est ici qu'apparaît très bien le caractère religieux de la science historique. D'un côté, il n'est pas d'étude plus propre à rabaisser le naïf orgueil de l'homme et à lui donner cette vive sensation de son néant qui est le commencement d'une philosophie raisonnable; car à ce point de vue, rien de plus instructif que le spectacle de la succession des empires; qui ne serait rempli d'une douce gaieté religieuse en assistant à cette auguste culbute, sans cesse renouvelée, de tout ce qui se disait grand sous le ciel? Mais en même temps que l'histoire nous montre ces menus accidents, conséquence naturelle de l'ambition des peuples, elle nous fait voir, sous le désordre apparent de tant de révolutions, un ordre caché, et à travers tant de chutes humiliantes, un noble essor de l'humanité prise dans son ensemble. Au milieu des ruines qu'ont laissées à terre les erreurs de tant de générations, la science moderne élève son temple de vérité, assis sur d'inébranlables bases, élancé vers un infini qui aurait effrayé tous les anciens philosophes, construit sur un plan si large et si sûr que toute nouvelle pierre y a sa place marquée d'avance et que toujours elle vient logiquement s'y ranger. De même, à travers l'obscure mêlée des crimes et des guerres, lentement un idéal de droit se fait jour, éclairant l'horreur du sang répandu, annonçant aux peuples l'aube de justice, l'ère pacifique, moins éloignée qu'on ne croit, où l'humanité aura conscience enfin de sa bêtise et comprendra que l'ordre juridique déjà établi entre les individus par l'institution des tribunaux peut être fondé aussi entre les nations, quand elles le voudront, par l'institution de l'arbitrage. Dans le domaine du vrai, dans le domaine du bien, une évolution s'opère, qui conduit l'homme à de meilleures destinées; peu à peu, de la barbarie primitive, elle l'élève à l'intelligence, à l'amour; et cette évolution, qui répond aux plus intimes besoins de notre être, qu'est-elle donc, sinon l'application d'une loi éternelle, la réalisation d'une partie du plan divin? L'histoire, qui enregistre cet invincible progrès, est un enseignement sacré pour qui sait l'entendre; un souffle d'en haut tourne les pages de ce livre où tant de noblesses s'unissent à tant de souffrances; on sent que, si les peuples écrivent ces annales étranges, dont la suite cachée dépasse l'esprit de chacun d'entre eux, c'est sous la dictée d'une intelligence qui les surpasse tous. Ainsi l'histoire humaine reflète une loi divine, et si, sous le chaos extérieur des phénomènes, nous cherchons la logique secrète qui règle leur développement, nous arrivons à une haute conception religieuse : car l'enchaînement visible des causes secondes nous ramène à la cause première, et une noble confiance nous conduit, pénétrés d'admiration, vers ce Dieu inconnu dont la science sincère n'ose soulever le voile formidable, mais qu'elle adore de loin en marchant à lui.

II

Ces grandes fins de l'histoire étant déterminées, il devient facile de préciser son véritable objet, c'est-à-dire de marquer et de mesurer nettement son champ d'études. Rien de plus nécessaire : car autrement, elle risquerait de négliger les recherches essentielles qui peuvent la conduire directement à ces fins dernières, pour se perdre en des recherches secondaires qui n'y conduisent pas ou qui n'y conduisent que par de trop longs détours.

Pour s'en persuader, il suffit de réfléchir un instant à la manière quelque peu enfantine dont les anciens historiens concevaient l'objet de leur art. — A quoi s'attachaient-ils? Aux dynasties, aux guerres, aux révolutions, à tous les faits très apparents qu'inscrivent les annales. Les règnes se succédaient, rapides, avec les avènements, les mariages, les morts des princes; dans ce cadre factice, la politique intérieure s'agitait, marquée par beaucoup d'intrigues de cour et par quelques troubles populaires; mais c'était surtout la politique extérieure, avec ses campagnes coupées de traités de paix, avec ses batailles longuement et pieusement décrites, qui devenait le triomphe du narrateur: là, il ne tarissait plus, contait par le menu les moindres détails, attentif à ne rien omettre, et l'on eût dit que toute l'histoire d'un empire aboutissait à la question de savoir quels avaient pu être, un certain jour, les mouvements de l'aile droite ou de l'aile gauche d'une armée. Au reste, tous ces faits divers, grands ou petits, les plus éclatants comme les plus obscurs, les plus dramatiques et les plus féconds comme les plus secs et les plus vides, étaient également sacrés pour notre historien, qui ne se fût pas consolé d'oublier un nom ou une date; un jour que Jean de Muller, voulant réciter la liste des seigneurs suisses, trouva dans sa mémoire une lacune au cinquante et unième degré de la descendance d'un certain vicomte, il tomba malade de chagrin. Qu'on se rappelle, en France, ces manuels illustrés où nous apprenions par cœur, à l'ombre du turban de Pharamond, les tableaux synoptiques de la dynastie mérovingienne; qui donc était le plus enfant, le lecteur ou l'auteur du livre? C'est pourtant là le type de l'ancienne histoire, de l'histoire de dates et de faits, de « l'histoire-bataille »; car les gros volumes d'érudition que nous lisions un peu plus tard, pendant les dernières années de collège, qu'étaient-ils eux-mêmes, d'ordinaire, sinon des tableaux plus riches et plus achevés de ces aspects superficiels? « On n'a fait que l'histoire des rois, disait Voltaire, mais on n'a point fait celle de la nation. Il semble que, pendant quatorze cents ans, il n'y ait eu dans les Gaules que des rois, des ministres et des généraux; mais nos mœurs, nos lois, nos coutumes, notre esprit, ne sont-ils donc rien? » Pourtant, lorsque Voltaire lui-même écrira l'histoire à sa mode, fera-t-il autre chose que des peintures légères, sans solidité, où le siècle de Louis XIV, par exemple, apparaît comme la brillante floraison, stérile et inexpliquée, d'un arbre dont l'auteur n'a pas vu monter la sève ardente, dont il n'a pas deviné les fruits futurs ? « Les anciens, dit un peu plus tard Condorcet, n'ont fait, en général, que joindre à l'histoire des guerres celle des factions populaires. On croirait, en lisant ces histoires, que le genre humain n'a été créé que pour servir à faire briller les talents politiques ou militaires de quelques individus, et que la société a pour objet, non le bonheur de l'espèce entière, mais le plaisir d'avoir des révolutions à lire ou à raconter. » Il en a été ainsi toujours et partout, tant que les historiens n'ont pas cherché des lois sous les phénomènes visibles, tant qu'ils s'en sont tenus à une vaine chronique des événements les plus grossiers, les plus bruyants et les plus exceptionnels. Des faits et des mots. C'est ce qu'on a fort bien appelé « l'histoire externe », c'est-à-dire un art littéraire plus ou moins habile s'exerçant sur des apparences sans valeur.

Est-il besoin de démontrer qu'une telle histoire ne répondait pas aux fins élevées d'une science sérieuse ? — Elle ne répondait pas, évidemment, à la fin scientifique que doit avoir, en premier lieu, toute histoire digne de ce nom ; car pour faire de la science, il ne suffit pas de recueillir des faits à l'aventure : il faut trouver le lien qui les réunit, et à cet effet, il faut analyser, comparer, classer, jusqu'à ce qu'on réduise le particulier au général. Mais précisément, pour arriver à ce résultat, la première condition est d'étudier avec soin, d'abord des choses simples plutôt que des choses complexes, des choses communes plutôt que des choses rares, des choses régulières plutôt que des choses exceptionnelles ; car le plus court chemin, pour qui cherche le général, n'est pas de courir de tous côtés vers l'accidentel, mais de suivre la grande route, la voie normale ; la meilleure méthode ne mènerait à rien si elle ne s'avançait sur un terrain bien choisi. Les hasards d'une bataille ou les exploits d'un héros ne peuvent donc pas être le véritable objet de l'histoire. Que diriez-vous d'un minéralogiste qui, sans jamais casser une pierre, analyser une substance ou comparer la forme de deux cristaux, se bornerait à colliger et à cataloguer les cailloux brillants qu'il aurait trouvés dans le lit d'une certaine rivière ? Ou d'un botaniste qui, sans jamais ouvrir une plante ni rapprocher les traits communs de deux végétaux, se contenterait de décrire les accidents les plus fortuits qu'on peut observer à la surface d'un arbre, le grain et la couleur de l'écorce, la forme bizarre d'une feuille malade, la grosseur d'un fruit monstrueux ? Ou d'un zoologiste qui, sans jamais songer à disséquer un animal, s'amuserait à peindre par le menu les taches bigarrées de son pelage ? A coup sûr, ce n'est point par de tels moyens qu'on a pu aboutir à la classification minérale, à la classification botanique ou à la classification animale, aux lois de la cristallisation ou aux lois de la vie des êtres organisés. C'est ainsi que la botanique, par exemple, n'a fait aucun progrès tant qu'on s'est arrêté à des considérations empiriques sur les propriétés, les localités ou les époques de floraison des plantes ; puis, on est arrivé aux systèmes artificiels, encore incomplets, mais déjà infiniment moins arbitraires, qu'on pouvait tirer des caractères les plus faciles à saisir dans l'observation de la fleur, du fruit, de la graine ; on est parvenu enfin à tout embrasser, parce qu'on avait tout approfondi, et à instituer cette belle classification naturelle où les vrais rapports des êtres viennent se refléter dans l'esprit de l'homme de science comme les images complexes de la nature se mirent, toutes vivantes et frémissantes, dans un lac très clair. L'histoire n'en est pas là, et peut-être même faudra-t-il encore longtemps pour qu'on se décide à croire qu'elle a des lois certaines ; car de même que le sauvage ou le parfait ignorant, qui regardent la nature sans la voir, nieraient volontiers les lois de la botanique sous prétexte que toutes les fleurs n'ont pas les mêmes formes ou les mêmes nuances, ainsi de bons lettrés, qui ne voient pas le fond de ce qu'ils regardent, soutiendront toujours que les phénomènes historiques ne peuvent dépendre que du hasard. C'est que, durant des siècles, on n'a étudié que les parties superficielles de l'existence des sociétés, au lieu de disséquer, de distinguer, de comparer avec acharnement tous les éléments intimes qui les composent; c'est qu'on avait pris pour objet l'accidentel, non l'éternel; c'est qu'on n'osait percer l'enveloppe brillante de l'histoire externe, pour aller fouiller au cœur de la vie. Dans ces conditions, l'histoire ne pouvait être qu'un art, récit de fantaisie ou récit appuyé sur une critique sûre; mais une science, jamais. — Si cette histoire ne répondait pas à sa fin scientifique, il s'ensuit qu'elle ne répondait pas non plus à sa fin sociale. Car que pouvait-elle enseigner à l'homme d'Etat? Les caprices de la fortune; ou tout au plus, quelques leçons de prudence, quelques gros exemples à suivre ou à éviter, quelques faits d'une expérience trop générale et trop vague pour éclairer utilement la politique d'un certain temps et d'un certain pays. Avant d'appliquer des lois, il faut les connaître. Comment faire de la chimie exacte, si l'on ignore les propriétés essentielles des corps? des greffes heureuses ou des croisements féconds, si l'on n'a pas de notions précises sur la nature des végétaux ou des animaux? La politique ne peut devenir expérimentale qu'à l'aide de l'histoire; mais l'ancienne histoire l'obligeait à demeurer empirique. — Cette histoire, enfin, ne répondait pas à sa fin religieuse; car rien ne s'oppose plus à l'esprit religieux que la vue d'un désordre auquel on ne comprend rien et où l'on n'aperçoit aucun signe d'intelligence; la foi au hasard pur serait la négation même de Dieu. A quelles conceptions religieuses l'ancienne histoire pouvait-elle conduire? Tantôt elle ne montrait que la misère de l'homme, asservi aux circonstances, esclave du destin, et si elle lui donnait ainsi une salutaire idée de son néant, ce n'était pas pour le relever ensuite par le sentiment de la grandeur réelle qu'il possède lorsque, cessant de se considérer comme ayant quelque valeur devant Dieu, il se compare seulement au reste du monde; tantôt elle exaltait, au contraire, la royauté de ce maître de la nature, elle le représentait comme pouvant tout par sa volonté, elle ne posait plus de limites à sa liberté orgueilleuse; ou bien, quand elle ne montrait pas l'homme écrasé par les forces extérieures ou ces forces elles-mêmes à la merci de l'homme, c'était pour confier le gouvernement de l'univers à un dieu pétri d'argile humaine, à un souverain despotique et passionné qui ne pouvait mériter l'estime des sages. Ainsi, l'histoire était impie, parce qu'elle livrait tout à l'arbitraire. Un caprice quelconque menait le monde, à coups de hasard, comme un médiocre auteur précipite à son gré les aventures sans lien d'un mélodrame sans psychologie. On ne soupçonnait pas les profondes harmonies qui engendrent et enchaînent entre eux les événements, partout et toujours, suivant les mêmes règles, et par conséquent, on ne pouvait s'élever à aucune grande conception, large, solide, sereine, de la vie des peuples. On n'apercevait pas, surtout, dans sa réalité objective, cette loi du progrès qui montre un ordre divin dans le désordre apparent des histoires particulières, et qui seule peut satisfaire pleinement le sens religieux de l'humanité.

Pour arriver à de meilleurs résultats, il fallait en venir à l'étude de « l'histoire interne ». De même, en effet, que l'observation des apparences extérieures, qui est tout pour l'artiste, n'est presque rien pour le savant, et que l'homme qui veut pénétrer les lois naturelles ne s'arrête pas à l'objet qui charme le paysagiste, le peintre de fleurs ou l'animalier ; de même, la chronique des règnes et des batailles, qui pouvait être tout pour le narrateur littéraire, n'est presque plus rien pour l'historien qui, sous ces aspects changeants, veut découvrir les lois permanentes de la vie sociale. Son véritable objet, c'est la civilisation, analysée dans toutes ses parties et dans tous les rapports de ces parties entre elles ; c'est la vie matérielle, sociale, morale des nations ; c'est, en un mot, le fond des choses. Sans doute, l'histoire externe n'est pas à négliger ; car si la connaissance des faits passés, en tant que simples, faits dépourvus de tout sens profond, est absolument inutile à la plupart des hommes, la connaissance de ces mêmes faits, en tant que signes extérieurs de conditions essentielles plus générales, peut fournir au savant des renseignements précieux ; mais ces faits ne sauraient être pour lui que des indices matériels, qui le guident un instant et que bientôt il dépasse : l'important, ce sont les lois. Pour saisir ces lois, il faut fouiller une civilisation dans ses entrailles, sans oublier aucun organe, sans perdre de vue surtout les influences réciproques qui créent l'harmonie du corps social tout entier.

Il faut étudier, d'ensemble, tout ce qui constitue la vie d'une nation, depuis l'économie politique, avec l'agriculture, l'industrie, le commerce, et depuis le droit, avec toutes ses institutions publiques, pénales, privées, jusqu'aux plus hautes conceptions de la religion, de la science, de la morale; car toutes ces choses se tiennent, étroitement liées, et dans l'histoire comme dans toutes les autres sciences, plus on embrasse, mieux on étreint. Puis, sachant les ressorts, on peut examiner comment ils agissent, voir quelles sont les actions et les réactions qui s'opèrent entre eux, mesurer toutes les forces dont le jeu combiné produit le fonctionnement de la machine. Certes, il n'est pas facile de pénétrer ces mouvements compliqués; pourtant, on y parvient, et lorsqu'on les a compris, on arrive à tenir les fils qui mènent l'ensemble. Dès lors, tout s'éclaire, et les plus humbles détails, les moindres faits prennent à leur tour un intérêt extraordinaire, parce qu'ils viennent sans cesse confirmer de grandes idées et qu'ils se rangent d'eux-mêmes sous les lignes maîtresses du sujet. Mais pour obtenir ces résultats, comme pour employer la bonne méthode d'où ils dérivent, la même condition première s'impose toujours, nécessaire, indispensable, absolue : prendre pour objet le fond des choses. L'histoire, ainsi conçue, atteint sa fin scientifique, parce qu'elle établit, sous la variété des phénomènes changeants, des lois sociales constantes, et sous ces lois mêmes, les lois éternelles de l'esprit humain; elle atteint sa fin sociale, parce que, donnant une connaissance précise des conditions qui ont régi les sociétés disparues, elle permet de tenter des applications précises de ces conditions aux sociétés contemporaines; elle atteint sa fin religieuse, parce qu'elle fait éclater à tous les yeux la régularité divine du progrès dans le monde; et si elle atteint toutes ces fins, c'est parce qu'au lieu de s'arrêter aux faits extérieurs, qui ne sont rien pour l'homme de science, elle a su s'attacher à cette vie intime des choses qui est le seul objet digne de ses efforts.

On pourrait croire que cet objet de l'histoire, tel que nous venons de le définir, se confond avec celui de la sociologie; et en effet, à première vue, rien de plus analogue que ces deux sciences. Elles diffèrent pourtant l'une de l'autre, comme il est aisé de le voir si on les compare d'un peu plus près. Pour s'en rendre compte, il suffit de jeter un coup d'œil sur l'ensemble des sciences sociales, et de se demander en quoi leurs objets peuvent être distingués. Qu'on prenne, par exemple, trois sciences dont la séparation est depuis longtemps admise : la morale, le droit, l'économie politique : quel est l'objet de chacune ? Évidemment, on ne saurait le préciser aussi bien que celui de l'astronomie ou de la géologie, de la botanique ou de la zoologie, bref d'une science physique ou naturelle dont le domaine correspond à une partie bien délimitée de l'univers. Toutes ces sciences sociales s'occupant de faits humains complexes, on ne peut tracer entre elles que des lignes de démarcation assez artificielles, des frontières mouvantes qui avancent ou reculent sans cesse suivant le point de vue d'où on les regarde ; et par exemple, il serait difficile d'attribuer de préférence à l'une ou à l'autre les problèmes relatifs à la propriété, qui les intéressent toutes les trois, et qu'aucune des trois ne résoudra jamais sans l'aide des deux autres. Mais c'est précisément ce point de vue particulier auquel on se place qui doit servir à mieux fixer leur objet; car il est clair que, même lorsque ces trois sciences semblent s'exercer sur le même objet matériel, ce n'est pas le même objet idéal qu'elles poursuivent : l'une cherche le devoir, l'autre la justice, la dernière le bien-être ; donc, elles ont chacune un objet spécial. Pareillement, si la sociologie paraît d'abord s'approprier à la fois l'objet de ces trois sciences et même celui de toutes les autres sciences sociales, en réalité il n'en est rien : car son objet propre, c'est l'étude générale des sociétés, en tant que sociétés, c'est-à-dire en tant que vastes organismes distincts, par la seconde nature que font naître l'énormité même de leur masse et la complexité de leurs fonctions, de tous les éléments qui les constituent. C'est ainsi qu'à son tour l'histoire elle-même se sépare de la sociologie. En effet, tandis que la sociologie ne s'attache qu'aux lois des corps sociaux, l'histoire embrasse les lois des civilisations, considérées dans leur ensemble, avec tous les éléments naturels ou humains, matériels ou moraux qui les composent et dont la société n'est qu'un facteur spécial ; tandis que la sociologie vise à tout abstraire, à tout réduire en pures formules, et en reste là, l'histoire ne dissèque les entrailles profondes d'une société que pour la ressusciter ensuite, toute palpitante, dans l'harmonie de sa vie particulière ; tandis que la sociologie néglige l'élément du temps dès qu'il lui a fourni ses données utiles, l'histoire veut s'asservir à la succession des siècles comme à la condition essentielle de ses peintures. D'un mot, le véritable objet de la science historique, ce sont les lois des civilisations, rendues vivantes et considérées quant à leur évolution dans le temps ; et c'est ce qui la distinguera toujours des autres sciences sociales : car si toutes étudient la nature humaine, elle seule l'étudie sous ce rapport.

III

L'élévation des fins auxquelles tend l'histoire nous a montré la vraie nature et l'étendue de son objet; elle nous indique aussi, nécessairement, les traits essentiels de sa méthode, qui doit être, tout à la fois, d'étudier les faits passés, au point de vue scientifique, pour les ramener à des lois d'ensemble; de les apprécier au point de vue social, pour en tirer des conclusions utiles; de les juger enfin au point de vue idéal, « sub specie æterni ».

Avant d'étudier un fait, il faut l'établir : c'est pourquoi la critique est à la base de l'histoire. Mais lorsqu'on a pesé les documents, discuté les témoignages, écarté les traditions douteuses ou les contes trompeurs et démêlé la vérité du mensonge, on a seulement préparé la matière sur laquelle va s'exercer le penseur. La critique est chose nécessaire, mais insuffisante, puisque à elle seule, elle n'aurait pour résultat que de satisfaire une vaine curiosité, sans conduire à aucune conclusion profonde; la certitude des faits une fois acquise, il s'agit de les bien comprendre; et c'est là que gît la difficulté. — Pour comprendre un fait humain, la condition essentielle est d'en pénétrer le véritable sens psychologique : résultat auquel on ne saurait arriver qu'en examinant ce fait d'un œil très clair et très froid, avec une entière impartialité et sans aucune idée préconçue, c'est-à-dire non seulement sans aucune prévention politique ou religieuse, mais encore, ce qui est plus difficile, sans aucun préjugé de race ou de nation. L'historien doit donc, dès l'abord, se placer non pas à son point de vue personnel, mais au point de vue des auteurs du fait qu'il analyse. Ce principe, qui semble tout naturel, n'est pourtant pas d'une application si aisée, et il est peu d'historiens qui aient eu ainsi l'art de se dépouiller d'eux-mêmes pour revivre la pensée des hommes d'autrefois ; car qui de nous n'est pas un peu enclin à s'imaginer que son observatoire est le vrai centre du monde ? Il faut pourtant se défaire de cette vanité, en matière d'histoire ; car autrement, ou bien on expose des faits vides de sens, parce qu'on n'a pas su y remettre le sens vivant qu'ils contenaient jadis, ou bien, chose plus grave encore, on explique les faits à l'aide de contresens ridicules, comme ces touristes qui, décrivant des contrées lointaines, ne manquent jamais de trouver bizarres et absurdes toutes les coutumes dont la compréhension délicate était trop au-dessus de leur esprit. Cette interprétation juste et fine des choses ne saurait être obtenue que par l'étude d'ensemble d'une civilisation, de ses dessous cachés, de son âme ; telle superstition apparente, telle institution étrange, tel trait de mœurs extraordinaire s'expliquent d'eux-mêmes et apparaissent comme tout à fait raisonnables dès qu'on peut les rattacher à la conception générale qui les a logiquement engendrés ; mais sans cette intelligence du fond psychique qui crée les formes sociales, impossible de rien comprendre à la vie et aux actions des peuples : avant de dire ce qu'ils ont fait, il faut savoir ce qu'ils ont pensé. — La méthode de l'histoire va donc consister surtout à découvrir l'esprit qui est sous les choses, de manière à bien discerner les causes réelles d'un fait, celles d'un groupe de faits, celles d'une civilisation tout entière. Mais comment y parvenir ?

A première vue, il semblerait que le procédé déductif dût être exclu au profit du procédé inductif. En effet, le monde humain n'est pas une géométrie, une science en l'air, et si l'on part d'une donnée abstraite, admise d'avance comme évidente, pour en tirer logiquement une suite indéfinie de propositions, on n'arrivera sans doute qu'à tirer d'un principe douteux une série de conclusions inexactes ; tandis que si l'on part, comme dans les sciences de la nature, de l'observation patiente des faits singuliers pour s'élever de là aux lois générales, on devra aboutir à des résultats certains, fondés sur l'essence réelle des choses : on aura pressé la vie comme une éponge, et on recueillera tout ce qu'elle contenait. Mais, à la réflexion, il est aisé de s'apercevoir que ce procédé ne peut suffire. Remarquons d'abord que les sciences de la nature elles-mêmes ont besoin de chercher ailleurs, sinon la partie la plus sûre de leur méthode, du moins la plus puissante et la plus féconde : beaucoup de savants, avant Newton, avaient pu observer que les pommes tombent des arbres, et n'en avaient induit aucune loi générale : il fallait un peu de fantaisie dans l'esprit pour trouver la gravitation. Remarquons ensuite que les faits sociaux sont infiniment plus difficiles à discerner que les faits physiques : il est plus malaisé d'observer une chose qui nous touche de près qu'une chose qui nous est absolument étrangère ; il est presque impossible de soumettre à l'expérience les phénomènes humains ; et soit par l'observation, soit par l'expérience, on ne saurait isoler aussi nettement, dans les sciences sociales, les éléments simples dont se compose un corps compliqué. Remarquons enfin que, s'il en est ainsi des sciences sociales en général, l'histoire, science du passé, rencontre un dernier obstacle, qui au contraire arrête de moins en moins les sciences du présent : je veux dire l'absence de statistiques sur les choses anciennes ; rien de plus naturel, puisque les anciens historiens considéraient comme insignifiants les faits qui ont le plus d'importance réelle : évidemment, il ne leur serait jamais venu à l'idée de penser qu'une table des mariages et des divorces offre beaucoup plus d'intérêt que le tableau d'une escarmouche de guerre ; mais aussi, rien de plus gênant pour l'emploi du procédé inductif, qui voudrait s'appuyer sur des millions de faits et de chiffres. Donc, si la déduction est insuffisante, l'induction l'est aussi. Comment procéder ? — En appelant au secours de l'histoire toutes les forces de l'esprit et en unissant, dans une juste mesure, l'imagination au raisonnement, la divination à la logique, bref, à l'abstraction prudente l'hypothèse hardie. Après avoir observé les faits, patiemment, il faudra imaginer quelque hypothèse qui, les rattachant à d'autres faits, donne des uns et des autres une explication raisonnable ; puis, en essayant d'appliquer la même interprétation à de nouveaux groupes de faits, choisis de préférence à une autre époque ou dans un autre pays, on vérifiera si l'hypothèse est solide; et lorsque, partout et toujours, on aura constaté que, dans certaines conditions, les mêmes rapports de causes à effets se rencontrent d'une manière invariable, on pourra dire qu'on tient, non pas une doctrine creuse, un système artificiel, un dogme sans vie, mais une loi historique certaine et positive, un de ces fils tenaces qui courent et serpentent à travers toutes les métamorphoses variées du monde, un des ressorts puissants de la réalité. N'est-ce pas ainsi, d'ailleurs, que procèdent les sciences de la nature elles-mêmes? Un groupe de faits quelconque est toujours un rébus qu'on ne maîtrisera jamais par le raisonnement pur : il faut que l'imagination vienne à l'aide; il faut que le chercheur, après une observation attentive du groupe de signes qu'il a sous les yeux, invente un sens, puis vérifie si ce sens relie bien les éléments de l'ensemble; si l'hypothèse ne correspond pas à l'énigme, elle était fausse : il doit en essayer une autre : si elle y correspond, il tient la vérité; mais il n'aurait jamais pu la saisir s'il ne l'avait pas d'abord pressentie. De même, sans l'hypothèse, point de grandes inventions dans les sciences physiques ou naturelles; sans l'imagination, point de raisonnements féconds; le génie est fait de divination autant que de patience laborieuse, et le plus beau triomphe du savant, c'est l'inspiration audacieuse qui rêve une loi avant de la découvrir. A plus forte raison en doit-il être ainsi de cette science de l'histoire qui est la plus difficile de toutes. Pour aborder avec fruit l'étude d'une civilisation inconnue, il faut avoir approfondi, autant que le permettent les forces humaines, la sociologie générale, et partant, l'histoire de toutes les civilisations connues; puis, à l'aide des hypothèses déjà proposées ailleurs et à l'aide d'hypothèses nouvelles, il faut s'efforcer d'illuminer tous les faits certains qu'on aura pu recueillir; c'est seulement après de tels essais, cent fois répétés, qu'on parviendra à voir clair dans l'obscur chaos des pensées et des actions d'une race. Ainsi, union intime de l'imagination et du raisonnement, rythme perpétuel de l'observation attentive qui commence l'œuvre, de l'hypothèse hardie qui la continue et de la vérification patiente qui l'achève, voilà la vraie méthode par laquelle l'histoire, travaillant comme les sciences de la nature, peut arriver à la rigueur de leurs lois.

On conçoit aisément quelle lumière une telle méthode va jeter sur les questions contemporaines. La science historique pure, se faisant science appliquée, donnera à la politique ses vertus solides ; la théorie exacte engendrera une pratique sûre ; l'action vaudra l'idée. Tant qu'on n'apercevait que désordre et hasard dans les événements du passé, on n'en pouvait évidemment tirer, pour le présent, aucun enseignement utile ; on ne saurait fonder la certitude sur l'incertitude, et là où la science positive manque, la prudence sociale fait défaut. Il n'y a pas deux vérités : on sait, ou on ne sait pas ; et si on ne sait pas, on agit de travers, parce que l'action n'est que la pensée continuée. Lorsqu'on écrivait l'histoire sans méthode, pour le seul plaisir de conter des faits, on se livrait à un exercice souvent ennuyeux, parfois amusant, toujours inutile ; lorsqu'on l'écrivait avec une méthode fausse, c'est-à-dire avec des idées préconçues, avec des axiomes puisés je ne sais où et des déductions menées à côté des faits, on ne pouvait aboutir qu'à des conclusions en l'air, et par conséquent, on se livrait à un exercice dangereux ; c'est seulement par la méthode à la fois inductive et déductive, à la fois abstraite et vivante que nous avons décrite, que l'histoire peut remplir sa mission dans la société. Le rôle d'un homme d'État est de gouverner, d'abord ; puis, s'il se peut, de faire de bonnes réformes. Mais pour gouverner, il faut savoir l'esprit de la nation qu'on dirige, connaître le passé de toutes ses institutions, grandes et petites, les tendances séculaires de toutes ses classes, dirigeantes ou laborieuses, bref toutes les causes profondes de son développement, de manière à pouvoir surveiller de près le fonctionnement normal de chaque organe et, le moment venu, tendre droit vers l'action tous les muscles de cet énorme corps. En France, par exemple, un homme politique qui ne remonterait pas en arrière pour chercher, derrière le système napoléonien qui est à la fois pour le pays une force acquise et une faiblesse, et derrière le mouvement révolutionnaire, trop généreux, qui engendra lui-même ces contraintes, le vieux fonds solide de l'ancienne France, avec son besoin d'unité et sa centralisation progressive, avec toute sa conception de l'État, ne comprendrait jamais vers quel idéal nouveau peut se diriger la France moderne. Pareillement, pour faire de bonnes réformes, il est nécessaire d'avoir étudié toutes les expériences relatives au point de détail dont il s'agit : par exemple, avant de songer à établir en France l'élection des juges par les justiciables, il n'est pas inutile de savoir les beaux résultats que ce système produisit sous la Constituante ; et il faut aussi avoir appris, dans l'histoire générale de la nation, toute l'harmonie de sa structure complexe et toute l'harmonie de sa vie intime : car en politique, comme en physiologie, on ne saurait toucher à aucun organe sans provoquer dans les parties les plus éloignées de profonds retentissements. Ainsi, de même que la pratique des affaires est la meilleure école pour l'historien, de même l'histoire est à son tour la grande institutrice de la vie publique. L'historien seul peut avoir l'intelligence des intérêts qui sont en cause autour de lui ; et sans lui, l'homme d'État n'arrivera jamais qu'à faire du mal à sa patrie. La plupart des idées révolutionnaires, avec les dictatures qui en sont toujours la suite, viennent de ce qu'on ne s'est pas assez rendu compte de la lenteur des évolutions historiques : on veut tout brusquer, on ne produit que des séries de coups et de contre-coups en sens contraire, et finalement on aboutit au même résultat que si l'on s'était contenté de diriger prudemment une transformation normale. La plupart des idées rétrogrades, avec les réactions violentes qu'elles amènent toujours, viennent de ce qu'on n'a pas assez compris l'invincible force de ces mêmes évolutions historiques : on a voulu arrêter net, à l'heure où toute tentative de ce genre était devenue folie, un flot torrentueux qu'il ne fallait qu'endiguer. Ce qui est vrai de ces grands mouvements l'est aussi des changements les plus humbles : la moindre réforme administrative, qu'un jeune ministre ignorant signera d'un trait de plume, ne devrait être faite qu'après délibération d'une commission d'hommes très instruits et très sages, de vieillards à barbe blanche et d'historiens pâlis sur les anciens documents ; car eux seuls savent, par l'expérience de la vie et par l'expérience du passé, quand et comment il est opportun d'agir, quels sont les moments où il faut attendre, quelle est l'occasion qu'il faut saisir sur-le-champ. A coup sûr, il n'y a que Dieu qui pourrait bien gouverner une nation, à chaque instant et dans chaque partie de son histoire, parce que lui seul connaît toutes les conditions, tous les antécédents, toutes les conséquences d'un phénomène social ; mais entre Dieu et le parfait ignorant, entre l'œil qui voit tout et l'électeur aveugle, il y a place pour l'homme d'action éclairé. Plus la démocratie déborde, avec ses ardentes passions, plus il importe que le penseur froid et le politique viril s'unissent pour diriger sa marche. C'est pourquoi jamais l'homme d'État ne devrait agir sans les conseils de l'historien, s'il n'est historien lui-même ; et c'est pourquoi aussi l'historien, s'il n'est homme d'État lui-même, doit mettre sans cesse en relief, dans les écrits où il livre le passé de sa race ou le passé des races étrangères, tous les enseignements utiles que cette histoire peut fournir.

Il doit enfin, non content de découvrir la vérité pure et d'en indiquer les applications possibles, juger les choses à un point de vue supérieur, idéal, absolu. Ce jugement philosophique ne saurait être confondu ni avec la recherche indifférente des lois, ni avec l'appréciation utilitaire qui peut s'ensuivre. En effet, de ce que telle loi historique existe, il ne résulte nullement qu'elle exprime une réalité bonne en soi ; de ce que telle forme politique, mise en vigueur dans une société donnée ou à un moment donné de l'évolution d'une société, peut y jouer un rôle heureux ou même nécessaire, il ne résulte pas qu'elle soit la perfection même. On a pu constater partout, comme un effet normal de certaines causes précises, l'esclavage ; on peut estimer que, dans certains pays et à un certain degré de développement social, il rend plus de services que ne le croient les idéologues et qu'il serait dès lors imprudent de l'y supprimer ; cela veut-il dire que cette institution transitoire mérite les louanges du moraliste? En revanche, prenez telle chose évidemment excellente, comme certains principes du droit romain des obligations : vous tenez une vérité éternelle, qui emportera toujours et partout l'entière approbation des hommes justes, parce qu'elle constitue la plus parfaite solution, achevée et définitive, des problèmes que soulèvent certains rapports sociaux. Il y a dans les choses humaines, si relatives en apparence, beaucoup d'absolu. L'historien a le devoir de le dégager du milieu des variations contingentes. Qu'il fasse comparaître les peuples devant lui, et qu'il les juge, non d'après des opinions doctrinaires, mais d'après l'équitable et universelle raison : il distinguera bien dans quelles circonstances les hommes se sont écartés du chemin prédestiné qu'ils devaient suivre, dans quelles circonstances au contraire ils ont marché droit ; il trouvera partout l'idéal dans le réel, le diamant dans la boue des grandes routes humaines ; il verra qu'il n'y a pas d'histoire profane, que toute race a eu au front le rayon sacré, et de tous côtés il recueillera des gouttes de lumière. C'est par cette dernière partie de sa méthode, la plus haute, que l'historien atteint sa fin religieuse ; car rencontrant sans cesse des reflets de l'essence divine dans les formes familières sous lesquelles une raison suprême se révèle à nous, élevant le monde humain au seuil du mystère et rattachant les histoires particulières à la cause unique de leurs progrès, il peut montrer du doigt, derrière le rideau flottant des phénomènes, comme derrière ces nuages où parfois se jouent les irradiations d'un soleil voilé, la présence du Dieu invisible.

IV

Mais cette science de l'histoire, avec ses fins ambitieuses, son objet profond et sa méthode positive, peut-elle réellement exister? Dans ce vaste désordre où tous les phénomènes s'entrechoquent comme les vagues de la haute mer, où des millions de volontés humaines s'élancent, voguant au gré de leurs caprices ou ballottées par la puissance des flots, où tout se combat et se confond dans un pêle-mêle énorme, où le hasard semble seul roi, n'est-ce pas folie que de vouloir découvrir des lois, des lois absolues, des lois divines?... Non : l'histoire a ses lois ; elle a même une loi unique : il faut la chercher.

Depuis longtemps, les hommes y ont songé, et ils l'ont tenté avec des fortunes diverses. Non les Anciens, pour qui l'histoire ne fut guère qu'une puérile glorification de la cité ou de la patrie, et dont la conception de l'histoire universelle demeura exactement la même que celle des Chinois d'aujourd'hui; mais les Modernes, qui, par l'idée d'une religion catholique, furent amenés à faire tourner tout le système des nations autour de l'avènement du Christ, et qui par là marquèrent pour la première fois l'histoire d'un caractère philosophique, en y montrant le règne d'une pensée divine, d'une loi d'en haut. La philosophie de l'histoire étant ainsi fondée, elle allait se transformer peu à peu, suivant les tendances de chaque époque, et à chaque essai nouveau, prendre la couleur de son siècle. Sans sortir de France, on peut distinguer trois grandes doctrines qui, tour à tour, ont vu la loi suprême de l'histoire dans trois puissances maîtresses : la providence, la liberté, la fatalité; ces trois doctrines ont paru, par une succession logique, dans trois grands siècles : le XVIIe, le XVIIIe et le XIXe; et on peut les incarner dans les trois grands noms : Bossuet, Voltaire, Auguste Comte.

La théorie du règne de la Providence, telle que l'a exposée le plus puissant de nos orateurs sacrés, est le digne produit de ce siècle illustre où tout tendait à la grandeur. Qui ne se rappelle ce magnifique *Discours* où Bossuet déroule, d'une main si fière, les plans de son Dieu, et qui n'a cru entendre sonner, à travers ces fortes pages, comme la voix même de la justice éternelle! Du haut de son trône, au fond des cieux, Dieu tient les rênes de tous les empires, qu'il précipite et qu'il arrête à son gré, qu'il mène, comme il lui plaît, à leurs destinées; il parle, et l'épouvante marche devant les conquérants qu'il a suscités, les royaumes chancellent, les princes de la terre tombent dans la poudre; il dit un mot, et du milieu des ruines, on voit se relever, éternellement jeune, invincible en sa sagesse inspirée, le peuple élu qu'il daigne soutenir de son bras pour le diriger vers ses fins secrètes. L'univers entier obéit à cette politique souveraine, dont les volontés humaines ne sont que les instruments, et toute l'histoire, dans sa suite irrégulière, n'est que l'exécution logique de ses desseins insondables. « Vous voyez tous les siècles se développer, pour ainsi dire, en peu d'heures devant vous; vous voyez comme les empires se succèdent les uns aux autres, et comme la religion, dans ses différents états, se soutient également depuis le commencement du monde jusqu'à notre temps. C'est la suite de ces deux choses, je veux dire celle de la religion et celle des empires, que vous imprimez dans votre mémoire; et comme la religion et le gouvernement politique sont les deux points sur lesquels roulent les choses humaines, voir ce qui regarde ces choses renfermé dans un abrégé, et en découvrir par ce moyen tout l'ordre et toute la suite, c'est comprendre dans sa pensée tout ce qu'il y a de grand parmi les hommes, et tenir, pour ainsi dire, le fil de toutes les affaires humaines [1]. » Il semble qu'on ne puisse imaginer une conception plus vaste, plus superbe dans son ampleur; et cependant, qu'elle est étroite! Qui peut croire aujourd'hui que toutes les civilisations de l'antiquité, toute la vie brillante de l'ancienne Asie et de l'ancienne Europe, toutes les gloires d'Orient et d'Occident n'ont paru sous le soleil que pour rehausser un jour l'éclat d'une obscure tribu sémite? Et qui peut croire que la religion et le gouvernement célébrés par le dernier des Pères de l'Église seront, à leur tour, le dernier mot du monde moderne? Non, la Judée n'est pas le centre absolu du passé, et le développement de l'Église chrétienne ne sera pas l'œuvre unique de l'avenir. Si Bossuet ose ainsi confisquer toute l'histoire universelle au profit de l'histoire particulière d'une race et d'un culte, c'est qu'il n'avait aucune notion de la méthode historique, qui est affaire de science, non de foi; parti d'une idée préconçue, et la développant par le seul procédé déductif, il ne pouvait tirer de cette idée première que ce qu'elle contenait d'avance; confrontez le système à la réalité : tout s'écroule. Mais si nous n'admettons plus cette Providence

[1] *Discours sur l'histoire universelle*, avant-propos.

médiocre, ce Dieu jaloux qui n'est qu'un homme, un roi, et, bien pis, un roi despotique, et si nous n'admirons plus, à la lumière de la science contemporaine, ces prétendus desseins cachés qui ne furent que les rêves humains d'un grand orateur, sera-ce pour mettre à la place de Dieu l'humanité elle-même et pour chercher la loi suprême de l'histoire dans le règne de sa liberté?

Voltaire l'a tenté. Dans cet *Essai sur les mœurs* où, prenant l'histoire juste au point où Bossuet l'avait laissée, il ne continue l'œuvre de ce hardi constructeur que dans l'espoir de la détruire et n'élève son temple nouveau que pour écraser l'antique cathédrale, l'idée fondamentale est que l'histoire du monde ne s'édifie pas sous la direction d'une main divine, mais que c'est l'homme seul qui la bâtit. L'humanité n'est plus conduite à ses destins par le bon plaisir d'un roi céleste; elle se développe en liberté, avec la raison pour guide, par ses propres efforts, et les mœurs, les institutions, les révolutions ne sont que les produits naturels de cette action indépendante. De là suit, logiquement, la conception du progrès, et d'un progrès qui doit être continu, puisqu'il n'a point de contraintes. Le seul obstacle, c'était l'amas des vieilles superstitions; mais enlevez le poids du despotisme sacerdotal, et l'essor de l'homme est sans limites. De la barbarie du moyen âge, une ère de culture brillante s'est peu à peu dégagée, et l'humanité affranchie, émergeant des ténèbres, monte dans la lumière; la raison rayonne, et rien n'arrêtera plus l'ascension des peuples qu'elle a éclairés. Telle est la thèse, et on peut dire quelle est faible. Sans doute, Voltaire restitue à toutes les nations le droit à la vie, et sous ce rapport, sa théorie est plus large que celle de Bossuet; mais elle n'est pas plus profonde, et la légèreté d'esprit qui s'y manifeste n'a même plus pour excuse cette absence de critique qui est naturelle chez un croyant. Si Bossuet sacrifie trop la liberté des peuples et même celle des rois aux volontés du Seigneur des peuples et du Roi des rois, Voltaire exalte à l'excès le pouvoir des hommes, surtout des grands hommes. La splendeur de la liberté humaine le fascine : elle l'éblouit au point de l'aveugler. Il n'aperçoit pas que, si notre pensée domine l'univers, notre action n'en est pas moins asservie à un formidable ensemble de conditions oppressives, à un cercle de lois fatales qui nous entoure, nous étreint, parfois nous écrase, et dont une philosophie de l'histoire doit tenir compte sous peine de raisonner dans le vide. C'est que, comme Bossuet, Voltaire n'est pas parti de l'observation des faits pour en induire une théorie générale, mais que, comme lui, bien que dans un autre ordre d'idées, avec un autre ton et une autre allure, il s'est contenté de déduire les propositions renfermées dans un axiome d'avance admis comme certain; et c'est pourquoi, comme lui, il n'a élevé qu'un monument-fantôme, bâti sur les nuages, une apparence fragile qui peut faire illusion par son éclat scintillant, comme l'autre par son aspect grandiose, mais sous laquelle, comme sous l'autre, il n'y a rien de solide, parce qu'on ne fondera jamais un édifice terrestre en le construisant dans les airs et en le commençant par le toit.

Faut-il donc, par horreur de ces systèmes vides, repousser toute notion de la volonté de Dieu ou de la liberté de l'homme, supprimer le divin, courber l'humanité sous des lois fatales, et ne plus voir dans l'histoire universelle que le jeu inconscient des forces aveugles qui mènent le reste de l'univers? C'est le système d'Auguste Comte, dans sa *Philosophie positive*. Pour lui, la science des sociétés, comme toute autre science, ne doit s'occuper que des faits et de leurs rapports. Or, d'une part, les faits, c'est-à-dire les phénomènes observables par l'expérience, ne peuvent être constatés que par l'expérience des sens; l'observation psychologique, par la conscience, est une opération impossible, et par conséquent, l'étude des facultés de l'âme, y compris la volonté, ne peut donner lieu à d'autres résultats que ceux de la phrénologie. D'autre part, les rapports des faits entre eux, c'est-à-dire les lois que nous révèle la même méthode positive, consistent seulement en des relations de succession ou de simultanéité dans le temps et dans l'espace; point de relations de cause active ni de cause finale, et à plus forte raison, point d'absolu, du moins dans les limites que notre esprit peut atteindre. Donc, dans l'histoire, point de liberté humaine d'une part, et d'autre part point de Dieu, puisqu'on ne saurait affirmer la liberté qu'à l'aide de la conscience intime et puisqu'on ne saurait fonder l'idée de Dieu que sur la notion de l'absolu. La vraie philosophie de l'histoire, c'est la sociologie, couronnement de la hiérarchie des sciences; c'est en elle que s'absorbe, pour ainsi dire, la science entière, et c'est à elle que doivent s'arrêter nos aspirations, désormais impuissantes, parce qu'elle est le terme du monde connu. Ainsi, aux pures imaginations d'un Bossuet ou d'un Voltaire, Auguste Comte oppose une science sérieuse, appuyée sur une méthode positive, et on ne peut qu'applaudir à cet esprit. Aux déductions abstraites, tirées d'un axiome quelconque, il fait succéder l'induction; la littérature s'évanouit, et la science commence. Mais en même temps, quelle folie de vouloir borner, comme il fait, le champ de l'intelligence humaine! Quelle audace de prétendre imposer à la science les limites de son propre esprit! Si la psychologie est une étude infiniment délicate, et par là même peu avancée, il ne s'ensuit pas qu'il doive lui être interdit de persévérer dans ses recherches; la physiologie cérébrale ne remplacera jamais l'observation mentale proprement dite : car comment constater les rapports mystérieux de deux choses si on n'examine que l'une d'elles seulement? Les problèmes de l'âme, et par-dessus tout celui de la liberté, ne sont pas de ceux qu'on peut écarter à la légère de la science, de la science historique en particulier. De même, si la compréhension de l'absolu semble destinée à rester éternellement au-dessus de notre intelligence, il ne s'ensuit pas que nous devions renoncer à tous les efforts qui peuvent nous en rapprocher, même de très loin; l'idée de cause n'est pas une notion creuse, mais une condition essentielle de nos raisonnements les plus simples, et si l'on admet que les faits s'enchaînent, il faut bien remonter à une cause première, surnaturelle : car si la nature a commencé, comment aurait-elle créé sa propre origine? Le problème de l'absolu n'est donc pas non plus de ceux qu'on peut rejeter avec dédain, sans raisons, et tant qu'on ne nous aura pas démontré pourquoi il est insoluble, nous tâcherons de le résoudre, en histoire comme ailleurs. Ainsi, la philosophie d'Auguste Comte ne nous satisfait pas plus que celle de Voltaire ou que celle de

Bossuet. N'aurait-on donc brisé l'antique voûte de cristal que pour lancer l'humanité vers des cieux vides, et pour la laisser retomber ensuite, écrasée sous un couvercle de plomb ? Le fatalisme serait-il toute la vérité accessible ? Ou bien pouvons-nous, tout en restant fidèles à une méthode positive, faire rentrer dans l'histoire l'idée de la liberté, la notion de Dieu, et concilier tous ces systèmes dans une philosophie plus large ?

Nous croyons cette synthèse possible, en dépit de toutes les difficultés qu'elle présente, et notre sentiment est que, pour y parvenir, il suffit de regarder les choses sans parti pris, avec sincérité et franchise, en se reposant à la fois sur l'expérience externe et sur l'expérience intime, sur l'observation et sur la conscience, et en se défiant de certains raisonnements factices qui ne sont que des fantaisies d'imagination. Leibnitz a remarqué, avec profondeur, que d'ordinaire les systèmes sont vrais dans leurs affirmations, faux dans leurs négations. L'erreur des théories que nous avons esquissées fut toujours de prendre une vérité partielle, à peine entrevue, pour la vérité totale, et par conséquent de nier tout ce qui semblait être en dehors du thème admis. Bossuet, absorbé dans l'admiration d'une très haute légende, donne tant de place à Dieu qu'il n'en reste plus pour l'homme, et que les lois mêmes du monde disparaissent devant les caprices du Tout-Puissant. Voltaire, qui poursuit un feu follet, par monts et par vaux, les yeux perdus, ne voit ni le ciel mystérieux, ni la terre solide. Auguste Comte se penche sur cette terre, et s'y aplatit. Retranchez trois négations essentielles que renferment ces trois systèmes : négation de l'idée que le monde peut être soumis à des lois invariables, où l'arbitraire n'intervient pas ; négation de l'idée qu'il peut y avoir des desseins providentiels dans l'histoire ; négation de l'idée que la conscience peut nous apprendre, entre autres choses, notre liberté ; puis, réduisez-les à leurs affirmations principales : l'idée de Dieu, l'idée de la liberté, l'idée des lois naturelles ; vous voyez que chacun d'eux est resté incomplet, pour avoir négligé des vérités que l'expérience nous prouve ou que la conscience nous atteste, mais qu'aussi chacun d'eux contient une part positive, qu'il faut maintenir en la limitant. L'expérience nous montre un élément fatal dans l'histoire ; la conscience, un élément libre dans l'homme ; et les mêlées séculaires de cet élément fatal et de cet élément libre nous révèlent un élément divin dans les choses, en y manifestant de grands desseins et de longues pensées qu'aucun peuple n'eût pu conduire ni concevoir. Donc, ne nions aucun de ces trois termes, comme les théoriciens exclusifs ; ne choisissons pas non plus entre eux, selon nos goûts, comme les éclectiques ; mais réunissons-les tous, d'après les données certaines de l'expérience et de la conscience, et nous tiendrons alors, sinon toute la vérité, du moins les traits essentiels d'une doctrine plus large que toutes les autres, parce qu'elle englobera toutes les autres en les ramenant à l'unité.

V

Pour préciser, observons d'abord les causes premières des phénomènes historiques. — Toute civilisation est le produit de trois grandes forces : le milieu physique où elle se développe, la qualité des unités humaines qui la composent, et le caractère du corps politique que forment ces unités assemblées ; en d'autres termes et en trois mots : la nature, l'homme, la société.

La nature est la première chose qui s'offre et s'impose à l'attention de l'historien. N'est-elle pas, en effet, le théâtre où une civilisation se développe, la scène sur laquelle s'agite tout un peuple, le décor au sein duquel il grandit ? Mais si elle est déjà cela pour le narrateur, que sera-t-elle donc pour l'homme de science qui, non content d'observer les relations apparentes des phénomènes, veut en pénétrer les rapports profonds ? Elle sera pour lui la mère nourricière qui fait le sang et l'esprit même des hommes, qui pétrit leurs corps et forme leurs âmes, qui leur communique tous les premiers éléments de leur vie physique et de leur caractère moral. En effet, pour qui considère une civilisation quelconque, à un moment donné, avec le désir de discerner clairement les influences qui l'ont produite et de faire à chacune la part qui lui revient, il est apparent que les principaux traits de cette civilisation dérivent de la nature qui l'entoure : car presque toutes les conditions de son existence, tant matérielle que spirituelle, dépendent des trois éléments dont cette nature se compose, je veux dire la terre, la flore et la faune; et elles dépendent aussi bien des caractères primitifs que cette nature offrait en son état ancien, aux temps où la race s'est constituée, que des caractères nouveaux qu'elle a présentés depuis, au cours des siècles, par suite de transformations diverses, issues de son développement libre ou provoquées par l'effort du travail humain.

La nature primitive doit attirer d'abord les recherches de l'historien. Sans doute, il ne saurait remonter aux âges lointains des grands changements géologiques, contemporains des plus antiques migrations : il ne peut que deviner l'influence de ces causes reculées sur les plus anciens commencements de la civilisation qu'il analyse et, faute de renseignements assez précis sur la préhistoire humaine aussi bien que sur la préhistoire naturelle, il lui est impossible de pénétrer au delà du premier état historique de la nature, comme au delà du premier état historique de la race; mais dès ce moment, les rapports étroits de la race et de la nature lui apparaissent, et c'est même à ce moment qu'ils lui apparaissent avec le plus de force et de clarté. — C'est d'abord la terre, avec son ciel, avec les aspects de sa surface, avec les trésors qu'enferme son sein. Tout ce monde de la matière brute exerce sur l'homme une action immense, directe ou indirecte, enveloppante ou pénétrante, toujours décisive, et à coup sûr, sans une certaine connaissance de la météorologie, de la géographie et de la minéralogie d'un pays, l'histoire ne saurait se constituer. Cependant, la plupart des anciens historiens négligeaient deux de ces termes sur trois; ils ne signalaient que le premier, le climat, dont ils exagéraient d'ailleurs souvent l'importance; et ils décrivaient ce climat lui-même d'une manière si vague qu'on n'en pouvait tirer aucune conclusion solide. Exemple : les généralisations superficielles de Montesquieu, qui ne voit que le climat, et sous le climat, que les plus grossières apparences du caractère des pays du nord, des pays du midi ou des pays tempérés. Il ne suffit pas de remarquer, comme lui, que les hommes du nord ont plus de franchise, les hommes du midi plus de passions, et que les hommes des contrées moyennes tiennent à la fois des uns et des autres par l'inconstance de leurs vices ou de leurs vertus : il faut encore chercher pour quelles raisons et de quelle manière un climat trop froid arrête une civilisation, tandis qu'un climat très chaud la favorise d'ordinaire à ses débuts, en attendant qu'elle se transporte dans un climat tempéré qui seul pourra répondre aux besoins de son développement ultérieur ; et comme cette question de thermomètre ne représente elle-même qu'une des conditions les plus générales du climat, il faut s'attacher surtout à certains autres traits, plus spéciaux, de l'habitat particulier où la nation s'est établie. Ainsi, on ne saurait méconnaître l'influence de l'état hygrométrique d'un pays, et on peut dire qu'autant l'humidité y fait pulluler et grandir la végétation, autant elle s'y oppose aux progrès de la culture humaine, surtout quand elle se combine à la chaleur. Essayez de travailler quelques heures dans une serre chaude, en analysant vos impressions et vos manières de penser, et vous comprendrez aussitôt pourquoi il serait utile, avant de raconter les actes de certains peuples ou d'apprécier leurs vieux documents, de préciser d'abord dans quelles conditions atmosphériques ils ont écrit et agi. C'est un fait connu en physiologie que l'air chargé d'eau, en retardant l'évaporation à la surface de la peau et des poumons, entrave le mouvement des fluides dans les tissus, et par suite affaiblit l'activité interne; si la température de l'air est plus basse que celle du corps, elle s'élèvera à son contact, et l'air, quoique humide, absorbera davantage; mais si le corps est baigné dans une vapeur chaude, nécessairement l'évaporation sera gênée, et ce simple phénomène, qui aura une action directe sur la constitution des individus, produira indirectement les plus puissants effets sur une civilisation tout entière. Jetez les yeux sur une carte des pluies : vous constaterez qu'une longue bande sèche qui s'étend du nord de l'Afrique à la Mongolie, en passant par l'Arabie, la Perse et le Thibet, fut précisément la région d'où s'élancèrent les premières races conquérantes, Tartares envahisseurs de la Chine, Aryens envahisseurs de l'Inde, Sémites envahisseurs de l'Afrique septentrionale; tandis qu'à côté de ces peuples énergiques, prédestinés par leur seule vigueur physique à subjuguer les races moins actives et à tirer parti des ressources naturelles qu'elles ne savaient pas exploiter, l'antique Égypte faisait fleurir sa civilisation éclatante dans l'aridité même de la vallée du Nil. Après la chaleur, l'humidité et leurs rapports, que d'autres éléments à considérer ! La variété ou l'uniformité des saisons, la longueur relative des jours et des nuits, la qualité de l'air, la direction habituelle des vents, l'intensité de la lumière, et la suite. Mais laissons le climat, et observons la surface du sol. — Pour qu'une civilisation grandisse, il faut que le corps politique puisse se constituer, que la nation puisse se défendre contre l'étranger, que l'activité sociale enfin puisse s'épanouir; et à ces trois points de vue, rien de plus important que la configuration géographique. En effet, pour que le corps politique se constitue, il est nécessaire que les accidents du pays favorisent une subordination progressive des individus au pouvoir central. Prenez un peuple nomade, qui erre dans les steppes : par la nature même de son habitat, il échappe à toute contrainte effective; c'est pourquoi il ne saurait former un État que le jour où il se sera fixé dans une région plus propice à l'action gouvernementale; on ne pourra le consolider qu'en le maîtrisant. De même, prenez une tribu de montagnards qui peut se retrancher derrière ses rochers comme dans une forteresse imprenable : la région même qu'elle occupe va devenir un obstacle séculaire à l'exercice de la puissance politique qui voudrait se l'assimiler, et de toutes les parties d'un grand pays, c'est la dernière qu'on parviendra à réduire. Au contraire, considérez une contrée qui, comme l'Égypte, se trouve enserrée dans le formidable environnement du désert, en même temps que sa surface n'offre aucun refuge contre les atteintes de la puissance royale : impossible de fuir, soit à l'intérieur, soit à l'extérieur ; et c'est pourquoi, fatalement, la force politique tiendra toute la nation, unie et obéissante, dans sa main. Mais l'État, une fois établi, doit pouvoir se protéger contre les périls qui l'entourent; et les défenses naturelles sont les meilleures. C'est ainsi que l'ancienne Grèce, affaiblie au point de vue politique par les montagnes qui la divisent, trouve dans la même cause son salut militaire : une triple enceinte la garde, comme par miracle, en dépit des querelles intimes qui l'agitent encore à l'heure où son existence même est en jeu, d'un danger contre lequel ni l'intelligence de ses généraux, ni le courage de ses citoyens n'auraient pu suffire, et si elle repousse l'énorme assaut de la Perse, si elle échappe à un écrasement qui, en rase campage, eût été certain, elle ne le doit finalement qu'à sa configuration géographique. Enfin, si une disposition particulière des accidents naturels est indispensable pour fonder une nation et pour la conserver, elle ne l'est pas moins pour assurer ses progrès, et à cet égard, la condition essentielle, c'est la variété de ces accidents. D'une manière générale, un pays uniforme est contraire au développement social : il ne multiplie pas assez les domaines divers de l'agriculture, il n'est pas propice au mouvement du commerce, il ne fait pas diverger l'activité de la race vers les directions innombrables où elle pourrait s'élancer. En revanche, un pays varié excite le progrès, sous toutes ses formes. Regardez de nouveau une carte de la Grèce, depuis les massifs de l'intérieur jusqu'aux découpures infinies des côtes : le spectacle de cette distribution compliquée de la terre et de la mer, de la montagne qui fait les mœurs solides et des ports qui s'ouvrent au monde, de tout ce qui pousse à l'effort patient et de tout ce qui élargit l'esprit, sera la meilleure preuve de cette vérité. A ces conditions positives qu'exige le développement d'une civilisation forte, durable et brillante, ajoutez l'influence morale des paysages, dont la beauté tient sans doute beaucoup de la lumière, mais encore plus de la forme heureuse que revêtent certains accidents naturels, et vous reconnaîtrez que, si le climat joue un grand rôle dans l'avenir d'un pays, la configuration du sol n'est pas moins importante. — Fouillons au-dessous de cette surface, entrons au sein de la terre, et nous y trouverons les dernières racines de la civilisation. Je ne fais pas allusion ici aux grands phénomènes souterrains, aux tremblements de terre qui, comme les cyclones dans l'atmosphère, ou comme les débordements de certains fleuves sur le territoire d'un pays, peuvent exercer sur le progrès social une influence exceptionnelle. Mais, à ne considérer même que les traits les plus généraux de la géologie et de la minéralogie, que de conditions nouvelles, d'où va dépendre pour une large part toute l'évolution d'un peuple ! La première condition qui se présente à l'esprit, c'est la stérilité ou la fertilité de la terre; car si un des principaux éléments de la variété du sol consiste dans l'existence d'une certaine étendue cultivable, la qualité n'est pas moins importante que la quantité. On peut remarquer, à ce propos, que si l'abondance des fruits naturels est indispensable aux débuts de la vie sociale, alors que les arts utiles sont encore dans un état inférieur, elle peut devenir dangereuse à une période plus avancée, parce qu'elle incline l'homme à s'épargner l'effort. Pour prendre encore l'exemple des anciens Grecs, n'est-il pas évident que leur patrie avare, toute de côtes au terrain pierreux, fut une des meilleures institutrices de leur énergie ? De cette richesse plus ou moins grande du fonds, descendons à celle du tréfonds, et après le terrain qu'exige l'agriculture, voyons les matières premières dont l'industrie a besoin. Ici encore, et mieux que partout ailleurs, nous pourrons constater le rôle de la nature comme facteur de la civilisation. Les premières phases du progrès humain ne se suivent-elles pas, en effet, toujours, suivant une correspondance étroite, dans l'ordre même où l'industrie trouve et travaille la pierre, le bronze, le fer ? Et lorsqu'on connaît la minéralogie d'un pays, ne peut-on pas dire quels seront ses arts utiles, puis quelle sera l'organisation sociale particulière que certaines conditions industrielles ne manquent jamais d'engendrer ? C'est ainsi que la terre, avec son climat, avec sa surface accidentée, avec ses ressources profondes, constitue la base de toute civilisation, parce que, comme Hippocrate l'avait déjà dit, « tout ce que la terre produit est conforme à la terre elle-même [1] ». — Mais cette terre ne suffirait pas à entretenir une société sans la végétation qu'elle enfante; et après la composition du fonds, cause de sa fertilité générale, il faut examiner le monde des

[1] *Des airs, des eaux et des lieux*, § 24 (Trad. Littré).

plantes qui y puise la vie. La flore d'un pays peut être considérée d'abord au point de vue de son abondance relative : une végétation trop luxuriante, aussi bien qu'une végétation trop pauvre, peut arrêter le progrès dès son origine ; car dans le premier cas, l'homme ne peut pas toujours se défendre avec avantage contre l'envahissement de la nature, et dans le second cas, il peut ne pas trouver la quantité de plantes nécessaire à ses besoins matériels. Mais c'est surtout par la variété de ses éléments, utiles ou nuisibles, que la flore exerce son influence. Lorsqu'on fait le dénombrement des arbres et des plantes d'un pays, on s'explique aussitôt comment la diversité des matériaux qu'ils peuvent fournir, bois, écorces, racines, fruits, céréales, et la suite, a engendré certaines applications précises à l'alimentation, à la construction, au vêtement, à toutes les nécessités élémentaires qui créent les arts primitifs, et comment, par là même, la flore a déterminé certaines formes caractéristiques de l'agriculture et de l'industrie ; tandis que, d'autre part, l'existence d'autres végétaux, nuisibles ou seulement inutiles, l'occupation du sol par certaines espèces qui étouffaient les essais de culture ou dont on ne pouvait tirer parti, a pu retarder le progrès pendant des siècles. Enfin, il ne faut pas oublier que la forêt ou la jungle, la steppe ou la prairie sont aussi l'habitat ou l'aliment des animaux, et qu'ainsi la flore détermine la faune, qui à son tour détermine dans une large mesure la forme et l'avenir des sociétés. — La faune, comme la flore, peut être considérée quant à l'abondance et à la variété de ses éléments, utiles ou dangereux. D'une manière générale, on peut dire que la rareté des animaux utiles, c'est-à-dire des animaux bons à manger ou susceptibles de domestication, oblige l'homme à l'agriculture, à la vie sédentaire, par suite aux relations stables qui sont la condition du progrès social, et qu'ainsi, toutes choses égales d'ailleurs, le premier perfectionnement des rapports humains dans un pays est en raison inverse de la richesse de sa faune. Au contraire, lorsque cette faune offre à un peuple, soit une grande quantité de gibier, soit une grande quantité de chevaux, de bœufs, de moutons, il est clair que ce peuple s'adonnera de préférence à la chasse ou à l'élevage des troupeaux et, dans les deux cas, à la vie nomade. D'autre part, il n'est pas moins certain que le nombre et l'espèce des animaux nuisibles a son influence sur le développement d'une société. Lorsqu'on réfléchit que la présence des tigres ou des loups peut couper pendant des mois les communications d'un village, que la menace des reptiles peut interdire pendant des années le défrichement d'une forêt, que la multiplication de tel misérable insecte, à peine visible, peut détruire d'un coup tout un genre de cultures, et qu'enfin le petit vol léger des moustiques suffit à arrêter chaque jour, à certaines heures de certaines saisons, mais en somme durant des siècles entiers, toute l'activité d'un grand empire, on voit qu'à côté des êtres vivants qui peuvent devenir les victimes ou les auxiliaires de l'homme, les ennemis de sa personne ou de ses richesses ne sont certes pas à négliger. L'humanité n'est pas aussi indépendante qu'elle le croit du reste de la nature : depuis les mystérieux dessous du sol terrestre, sombre laboratoire des germes vivants, jusqu'aux animaux supérieurs que supporte cette croûte fragile, tout s'unit pour agir sur elle; et si elle finit par dominer l'univers, ce n'est qu'en s'appuyant sur ce vaste ensemble de forces qui la soutient et dont elle dépend.

Il faut donc étudier la nature primitive pour comprendre l'homme primitif. Aux origines d'une civilisation, la terre, la flore, la faune du pays présentaient certains caractères, qui ont déterminé d'une manière fatale les premiers traits de cette civilisation : il faut replacer le peuple dans son milieu, reconstituer le tableau d'ensemble; et on le peut, en examinant de près les renseignements géographiques, les indications de minéraux, de plantes, d'animaux que contiennent les plus anciens livres ou dont témoignent les plus anciens monuments. Assurément, cette recherche est difficile; elle est compliquée surtout lorsqu'un peuple, ayant changé de patrie, a puisé dans plusieurs habitats successifs les éléments de sa culture; mais elle est toujours nécessaire : car si l'on ne remonte pas ainsi au commencement positif des choses, si l'on n'observe pas l'évolution dans son germe, on ne comprendra pas les raisons secrètes de ses épanouissements ultérieurs. Le vrai fond de l'histoire, ce sont les besoins de l'homme, ses besoins matériels surtout; les questions politiques en apparence les plus désintéressées s'expliquent d'ordinaire très bien lorsqu'on les pose comme de simples problèmes d'économie politique, et la solution dernière de ces problèmes s'offre le plus souvent d'elle-même lorsqu'on la cherche, en toute humilité, dans ce grand ressort de l'activité humaine qui n'est autre que le besoin de manger. Qu'on étudie le premier élan d'une jeune tribu ou la chute de l'empire romain, peu importe : la question de nourriture a toujours primé toutes les autres, et les plus orgueilleuses révolutions s'y ramènent; le centre de l'histoire universelle, c'est le ventre, et non pas le cœur ou le cerveau de l'humanité. Il faut donc partir de ce besoin primordial, qui met en agitation toute la fourmilière, pour s'expliquer les origines d'une civilisation quelconque; puis, après l'alimentation, il faut parcourir les autres besoins primitifs : besoin d'habitation, besoin d'attaque et de défense, besoin du vêtement contre les intempéries, besoin de parure; et il faut voir comment un peuple a su trouver dans la nature les moyens de satisfaire tous ces besoins essentiels. Mais si l'on se place à une période avancée de la civilisation, et si l'on compare ce nouvel état de choses à l'état ancien, on constatera que le peuple et la nature ont changé. La nature s'est métamorphosée, à la fois par ses propres forces et par l'action de l'homme, qui a dû s'ingénier pour tirer d'elle davantage à mesure qu'il se créait des besoins nouveaux; et comme cette nature n'est plus la même qu'autrefois, elle exerce à son tour sur l'homme moderne une influence différente de celle qu'elle exerçait sur l'homme des vieux âges. Il importe donc, pour bien préciser le rôle des forces fatales dans le progrès d'une civilisation, de suivre pas à pas le mouvement de la nature en même temps que le développement du peuple, et d'observer, à chaque phase de cette double évolution, depuis les temps les plus reculés jusqu'à l'époque la plus récente, l'action de la nature sur le peuple. Bref, après avoir vu la nature primitive, il faut examiner la nature transformée, en tant qu'elle transforme elle-même la société.

Regardons d'abord la terre, dans son ensemble. Ce qui paraît y changer le moins, c'est le climat. Pourtant, il varie au cours des siècles, soit spontanément, comme on l'a noté en maints pays, soit par l'effet de certains travaux de l'homme. C'est ainsi que le régime des pluies peut être modifié, dans une large mesure, par le déboisement. Tantôt le résultat sera heureux, si le déboisement diminue l'humidité excessive d'une contrée; tantôt il sera nuisible, s'il augmente l'aridité d'un pays déjà trop sec; mais dans ce dernier cas même, de vastes reboisements, des cultures savantes pourront rétablir un juste équilibre. La météorologie n'est donc pas, autant qu'elle le paraît, indépendante de la volonté humaine; et qui sait si l'on n'en viendra pas à distribuer, quelque jour, la chaleur ou la fraîcheur, l'humidité ou la sécheresse à un continent, comme le gaz ou l'eau à une ville, en détournant certains courants maritimes par de grands écueils artificiels? — A la surface du sol, les changements sont plus visibles. Il y a des changements naturels que produisent les glissements des montagnes, le travail des fleuves, les envahissements ou les reculs de la mer; et il y a surtout des changements calculés qu'exécute une industrie éclairée. Si l'homme ne peut pas métamorphoser à sa fantaisie tous les éléments de son habitat, il peut du moins, par le défrichement des espaces incultes ou par le dessèchement des marais, accroître l'étendue des terres arables et faire reculer sans cesse la nature sauvage. S'il ne peut pas effacer les grandes lignes de la géographie physique, il peut du moins les corriger et les compléter, notamment en ouvrant des chemins, des routes, des voies de communication toujours plus nombreuses, qui vont resserrer l'union de la société. Il ne dictera pas aux fleuves un nouveau cours : mais il les rendra plus favorables à la navigation, en faisant sauter les barrières des cataractes, en brisant les roches dangereuses, en rectifiant tout ce qui s'oppose à ses desseins arrêtés; et au besoin, il saura creuser des canaux, c'est-à-dire créer des fleuves de toutes pièces, pour enrichir et achever le réseau trop pauvre que la nature lui avait offert. Il ne songera pas à aplanir les montagnes ou à combler les abîmes : mais, à travers les unes, il percera des tunnels et, sur les autres, il jettera des ponts audacieux. On l'a vu faire de l'Afrique une île, qui s'est détachée de l'ancien continent, et on le verra couper le nouveau continent en deux îles distinctes. Enfin, par tout ce grand effort, surtout par l'extension graduelle des champs de culture, voici que les paysages eux-mêmes se transforment, deviennent moins grandioses et plus riants, et peu à peu, des aspects plus doux inclinent le moral de l'homme à une civilisation plus raffinée. — Reste l'intérieur de la terre, où de profondes révolutions s'opèrent peu à peu. Ici, les modifications naturelles sont moins apparentes, bien que l'éternelle action des forces physiques et chimiques y élabore sans cesse de grandes œuvres cachées ; mais en revanche, les modifications artificielles y sont plus évidentes que partout ailleurs. Après avoir conquis un plus vaste domaine, l'homme change la nature même du terrain pour l'approprier à la culture. Par des amendements, il compose des fonds nouveaux, fabrique à volonté de la terre féconde ; par des irrigations, il appelle les fleuves dans des plaines stériles, qui bientôt se couvrent de prairies verdoyantes, ou bien, autour des champs, il anime les eaux mortes, en forme des ruisseaux, fait couler partout la vie ; et par le drainage, chassant l'eau qui emplissait les interstices du sol, il permet à la terre de respirer librement, de profiter des changements de pression atmosphérique qui lui apportent l'air ou qui le retirent, et qui, à chaque inspiration comme à chaque expiration, permettent les décompositions chimiques nécessaires à la nourriture des végétaux. En même temps, du sein des profondeurs, une énorme quantité de richesses minérales surgit, toujours grandissante, à mesure que se perfectionnent les procédés d'extraction ; et la variété de ces richesses aussi se multiplie, à mesure que l'homme découvre des trésors ignorés, que l'opulente nature lui tenait en réserve, mais qui, durant des siècles, n'avaient pas existé pour lui. — Ces grands changements que subit la terre produisent à leur tour, avec l'aide d'autres causes plus générales, des modifications non moins profondes dans la végétation d'un pays. La flore, elle aussi, se transforme ; elle a ses variations, spontanées ou artificielles ; et on peut dire que, dans l'un et l'autre cas, son renouvellement s'opère toujours par l'effet combiné de deux lois également puissantes : la lutte pour la vie et la sélection. Considérons d'abord les transformations spontanées. D'une part, dans l'éternelle concurrence des êtres, certaines espèces de plantes périssent ou diminuent, étouffées par d'autres plantes, détruites par les animaux ou tuées par les rigueurs du climat, tandis que d'autres espèces se développent, s'étendent, envahissent tout, à mesure que leur force d'expansion se multiplie avec leurs victoires ; et en même temps, à cette lutte des plantes d'un pays contre les difficultés du milieu, à cette guerre qu'elles mènent surtout contre les autres plantes indigènes, il s'ajoute des invasions étrangères : d'autres végétaux, dont les semences se sont répandues au loin, par aventure, ou qu'un climat moins favorable a chassés, viennent s'introduire parmi la flore nationale, s'y mêler et y défendre leur vie. D'autre part, grâce à une sélection naturelle, les qualités mêmes qui ont assuré l'existence ou le triomphe d'une espèce se transmettent par hérédité ; la supériorité des ancêtres s'imprime chez les descendants, au plus profond des organes ; un accident heureux devient un phénomène permanent, et peu à peu, en se fortifiant, l'espèce se transforme. Ainsi, par la survivance et par la sélection, le monde végétal varie sans cesse, et plus il s'efforce de s'adapter au milieu ambiant, plus il se différencie de son état primitif. Sur quoi, l'homme à son tour intervient. D'une part, se jetant dans ce combat pour la vie, il aide de tout son pouvoir les espèces utiles et s'acharne contre leurs ennemis : il abat les forêts, incendie les broussailles, arrache les herbes folles, livre les plantes mauvaises au fer et au feu, tandis que sous ses bras laborieux s'étend le domaine des bonnes cultures ; et en même temps, il importe du dehors d'autres plantes utiles, protège leur existence, favorise leur développement. D'autre part, tout en augmentant la quantité des végétaux qui peuvent lui servir, il en améliore la qualité par une sélection artificielle, en s'efforçant de produire sans cesse de nouvelles et de meilleures variétés. Finalement, la flore d'un pays est transfigurée. Aux forêts vierges ont succédé des bois composés d'arbres choisis, qu'on exploite par coupes régulières ; aux lieux mêmes où furent des plaines sauvages s'étale maintenant un tapis bigarré de champs et de prairies, de potagers et de vergers ; la nature primitive est devenue un jardin, où l'homme se promène en maître. — Enfin, qui n'aurait vu que la faune des anciens âges ne la reconnaîtrait plus aujourd'hui. Les deux grandes lois qui avaient métamorphosé la flore, jointes aux répercussions des vicissitudes mêmes par où ont passé la terre et les végétaux, ont agi pareillement sur le monde animal. Peu importe d'ailleurs qu'elles se soient exercées d'elles-mêmes ou que l'homme y ait mis la main, pour tourner leur fonctionnement à son usage : ici encore, dans les deux cas, des causes analogues produisent les mêmes effets. D'une part, dans la lutte pour la vie, certaines espèces d'animaux tombent en décadence, tandis que d'autres s'élèvent ; en même temps que des immigrations étrangères viennent enrichir, à certaines époques, la faune du pays. D'autre part, en vertu de la sélection naturelle, les espèces triomphantes se différencient à travers les âges et se présentent enfin sous des caractères nouveaux. Puis, c'est l'homme qui entre en scène. D'une part, il s'intéresse à la mêlée : il décime ou refoule au loin la plupart des espèces dangereuses, protège et favorise les espèces utiles ; en même temps qu'il emprunte à la faune étrangère d'autres espèces qu'il naturalise dans le pays. D'autre part, la sélection artificielle qu'il opère par un élevage approprié dirige toujours plus puissamment vers l'utilité sociale les espèces choisies. Dès lors, dans les forêts où régnèrent les bêtes féroces, vous ne trouvez plus guère qu'un gibier toujours plus rare, dont la chasse même est interdite à certaines époques ; là où serpentaient des sentiers douteux, toujours entourés de vagues menaces, vous voyez s'avancer sur un chemin aplani, au milieu des champs, des bœufs soumis au joug ; et à l'endroit où les animaux sauvages cachaient leurs repaires, des fermes s'élèvent, où les animaux domestiques, gardés de tout péril extérieur, sont nourris pour des fins utiles. — Considérez maintenant, d'un seul coup d'œil, toute cette nature renouvelée. Quelle ne va pas être, à son tour, son influence sur l'homme même qui a contribué pour une si large part à la refondre, et combien cette influence ne sera-t-elle pas différente de celle que la nature primitive exerçait sur lui ! Dans chaque pays, suivant les caractères nouveaux qu'offrent l'univers physique et le monde des êtres organisés, la société va être soumise à l'action de ces forces extérieures dont elle a souvent provoqué elle-même la naissance. Prenons un seul exemple, entre mille : celui de l'alimentation. N'est-il pas évident que l'abondance et la qualité des substances, végétales ou animales, qui font le sang de l'homme, vont déterminer la nature de son corps, et partant la nature même de son âme, dans une mesure qu'il serait difficile d'exagérer ? Suivant qu'un groupe social boit du vin, du cidre ou de la bière, suivant qu'il mange de préférence des légumes, du poisson ou de la viande, le tempérament général varie, nécessairement ; la force corporelle, qui ne peut être la même dans tous ces cas, retentit diversement sur toute l'économie matérielle du pays, et les caractères de l'esprit, qui ne peuvent être les mêmes dans tous ces cas, retentissent diversement sur toute l'économie morale de ce pays ; l'individu est ce qu'il mange, ce qu'il boit, et la société est ce que ce sont les unités qui la composent. Or, ce qui est vrai de l'alimentation, source de la vie, l'est aussi de tous les autres rapports qu'on peut observer entre l'homme et son milieu. Toute modification dans la faune, la flore ou la terre, même lorsqu'elle est le fait de l'homme, entraîne par un retour immédiat une modification sociale, grande ou petite, à laquelle l'homme ne peut jamais échapper. C'est ainsi que la géographie, prise dans son sens le plus large, est la base éternelle et changeante de l'histoire, et c'est pourquoi, pour saisir dans ses lois profondes l'histoire d'une civilisation, il faut suivre autant que possible, à chaque époque, l'histoire parallèle de la nature indigène, en reconstituant les relations perpétuelles qui ont transformé à la fois, l'une par l'autre, cette nature et cette civilisation.

Mais si la nature agit sur l'histoire, l'homme la fait. Aux prédestinations, aux influences séculaires que le milieu physique exerce sur lui, il ajoute ses forces intimes, indépendantes. La nature est un agent de la civilisation ; l'homme en est un autre, le plus important sans contredit, et le plus direct. Il faut donc l'étudier à son tour, et avec plus de soin encore. Il faut examiner de près les caractères généraux de ces unités sociales qui, en mêlant aux conditions, propices ou non, du monde extérieur leur action sympathique ou hostile, vont bâtir de concert une civilisation. Il faut les considérer à la fois, ainsi que la nature elle-même, dans leurs caractères primitifs et dans leurs caractères transformés ; et comme ces unités sont à la fois corps et âme, il faut considérer tout ensemble en elles, à chacune de ces époques, leurs caractères physiques et leurs caractères moraux.

Les caractères physiques de l'homme primitif, tels que nous pouvons les observer, sinon aux temps obscurs de la préhistoire, du moins aux origines connues d'une race, sont une des causes premières qui agiront le plus sur son avenir. Regardons les sauvages, puisqu'il nous est permis de les étudier d'après nature. En général, ils sont d'assez petite taille, ce qui les met d'avance dans un état d'infériorité vis-à-vis des grands animaux ou des hommes de haute stature avec lesquels ils peuvent être en conflit ; ils ont les jambes trop courtes par rapport aux membres supérieurs, ce qui constitue évidemment une disposition malheureuse pour la course et pour la lutte corps à corps ; leurs organes digestifs, étrangement développés, sont le signe apparent d'une alimentation irrégulière, qui leur interdit tout travail continu et prolongé ; par suite du défaut de nutrition, leur système nerveux est plus faible, ce qui les rend incapables de grands efforts ; ce manque d'énergie nerveuse, qui leur donne une étonnante faculté de résistance à la douleur, est en même temps la cause de leur insensibilité et de leur indifférence, c'est-à-dire des conditions les plus propres à entraver le progrès ; et surtout, leur cerveau précoce, qui se forme d'autant plus vite qu'il est d'une organisation plus rudimentaire, les marque dès l'enfance d'un signe d'infériorité certain. Comparez-les à un groupe d'hommes modernes, grands, bien proportionnés, bien nourris, forts et nerveux, délicats dans leurs sensations, pondérés dans leur évolution mentale, et vous avez les deux extrêmes de l'humanité. Si telle est la différence qui sépare les caractères physiques du sauvage de ceux de l'homme civilisé, et si telles sont en réalité les conséquences pratiques qui en dérivent, on conçoit qu'en prenant une race à ses débuts, déjà développée, mais encore asservie à certaines nécessités des âges anciens, on ne manquera pas de découvrir, entre les individus qui la composaient alors et ceux qui la représentent aujourd'hui, des distinctions évidentes, quoique moins profondes. Peut-être, par exemple, ne trouvera-t-on pas des caractères anatomiques aussi inférieurs que la petitesse relative des jambes ou la grosseur énorme du ventre; mais, probablement, on pourra au moins noter tels caractères physiologiques très importants, qui, comme l'insensibilité nerveuse, se révéleront par certains faits consignés dans les traditions et dans les légendes du peuple ou dans les annales de voisins plus avancés. La constitution physique d'une race, à l'aube de l'histoire, est donc un indice précieux à recueillir. Souvent, à elle seule, elle suffit à faire comprendre certains retards ou certains élans mystérieux de la civilisation. En tout cas, elle peut expliquer mille traits primordiaux de la vie sociale, puisqu'elle est le fondement de la constitution mentale elle-même, qui à son tour engendre et entraîne les actes. Aux origines d'une race, c'est surtout l'organisation physique des hommes qui détermine le premier état du tempérament moral, l'âme native du groupe. Or, l'arbre est dans le germe, et ce qu'un peuple a été dans son enfance, il le sera longtemps dans son âge mûr.

Il est donc très important d'étudier le type physique des premiers ancêtres, parce que ce type est à la fois la cause directe de certains phénomènes historiques et, comme support vivant du type moral, la cause indirecte de tous ces phénomènes. Mais ce n'est pas à dire, évidemment, que le type moral soit contenu d'avance, et tout entier, dans le type physique; car bientôt, tout en continuant de s'appuyer sur la vie physique comme sur son indispensable soutien, la vie morale se développe et s'épanouit en vertu de ses propres forces. L'homme est un animal vertébré, mammifère, de l'ordre des primates et de la famille des singes; mais il est aussi un être pensant dont le génie fait la gloire de la terre. Les hommes primitifs de tel ou tel pays sont des individus organisés suivant un type plus ou moins original, comme structure et comme fonctions corporelles; mais ils sont aussi des esprits qui sentent, réfléchissent, agissent d'une manière plus ou moins originale encore, indépendante en tout cas des pures nécessités matérielles. L'esprit ne serait rien sans le corps : mais le corps n'est pas tout. Or, précisément, dans l'état actuel de la science, il est fort difficile de tirer, de l'observation des caractères corporels, des conclusions sûres quant aux effets de ces caractères dans l'histoire, car l'anthropologie est trop peu avancée pour nous donner autre chose que des résultats grossiers et superficiels. Elle nous dit bien les traits saillants de l'anatomie d'une race, y compris le volume et la forme des crânes; mais elle ne nous dit pas les finesses cérébrales qui correspondent aux principaux états de la pensée; et c'est justement ce que nous aurions le plus besoin de savoir. Il faut donc, sans négliger les indices que peut fournir l'anthropologie physique, s'attacher surtout à l'anthropologie spirituelle, comme base de l'histoire. Dans les types primitifs d'un peuple, il faut observer surtout l'esprit, et dans l'esprit, les divers modes essentiels qu'y peut discerner l'analyse psychologique, je veux dire le sentiment, l'intelligence et la volonté.

Ce qui sort le plus spontanément de l'état physique, par l'intermédiaire des sensations, c'est un certain état émotionnel. Le cerveau est intimement lié aux viscères, et les réactions nerveuses qui se produisent entre eux sont le premier moteur de la sensibilité. Depuis les mouvements réflexes les plus élémentaires jusqu'aux élans de sentiment en apparence les plus désintéressés, tout dérive plus ou moins de cette cause physique. On peut donc prévoir que, plus la vie humaine se rapprochera de la vie animale, plus le sentiment dominera la volonté, et par-dessus tout l'intelligence. Mais, sans l'intelligence, le sentiment ne saurait aller bien loin, ni s'élever bien haut; car la pensée est la seule lumière qui puisse l'éclairer, la seule chaleur qui puisse le dilater, la seule force qui puisse le diriger et le maintenir. Il suit de là que, chez l'homme peu civilisé, le sentiment sera remarquable à la fois par l'ampleur de son rôle et par l'infériorité de sa nature; il sera presque tout, et en même temps, il sera très peu de chose; il remplira l'âme entière, aux dépens des facultés voisines, et cependant on pourra le caractériser par deux mots : simplicité et étroitesse. Pour mettre en lumière cette vérité, prenons encore le cas extrême des sauvages. Chez eux, comme chez les enfants, le sentiment n'étant pas attiré en haut par le rayon intellectuel, reste enfoncé dans les impressions matérielles et se dégage à peine de la sensation. Un plaisir ou une douleur, généralement d'ordre physique, se produit : soudain une décharge nerveuse éclate, secoue l'organisme, retentit prodigieusement dans le cerveau; puis, un souffle enlève cet orage, et toute cette violente passion s'évanouit jusqu'à ce qu'une cause nouvelle la fasse renaître. Pourquoi? Parce que, d'une part, ces cerveaux étroits sont enfermés dans le double cercle du présent et de l'immédiat; parce qu'ils ne voient rien à distance dans le temps ni dans l'espace; parce que, tout entiers à l'impression du moment et à l'impression des choses les plus proches, ils ne peuvent, ni se rappeler dans le passé ou se représenter dans le futur des maux ou des consolations à longue échéance, ni embrasser du regard le vaste horizon des choses qui se tiennent et s'associent dans les lointains de la réalité. D'autre part, s'ils sont ainsi impulsifs, c'est parce que leurs sentiments étroits sont en même temps des sentiments simples; parce que leur pauvreté en sentiments antérieurs, qui elle-même dérive de leur indigence d'idées, laisse le cerveau ouvert, sans obstacles et sans contrepoids intérieurs, au libre envahissement de toute émotion nouvelle; et parce que de cette manière la passion, qui éclate dans le vide, doit nécessairement s'y répandre de toutes parts comme une explosion que rien n'arrête. Or, est-il besoin de faire remarquer que cette étroitesse et cette simplicité des émotions sont également contraires au progrès? En effet, chez le sauvage, ces deux causes convergent vers un même résultat : elles le font égoïste, donc insociable, et partant rebelle, par la nature même de sa sensibilité, à tous les liens que noue une civilisation ordonnée. Puisqu'il ne peut étendre sa vue morale à quelque distance, ni derrière lui et devant lui, ni autour de lui, il doit fatalement s'enfermer en lui-même, à tout le moins dans les limites d'un groupe très restreint. De tous ses sentiments, le plus fort est la crainte, qui le porte sans cesse à se replier sur soi. Sorti de là, c'est à peine s'il arrive à ce simple désir de l'approbation d'autrui qui est en quelque sorte à mi-chemin entre l'égoïsme et la sympathie. Mais la sympathie pure, la charité, il l'ignore, et à plus forte raison le sens de la justice ne peut-il naître dans son cœur. — S'il en est ainsi de la sensibilité, on conçoit qu'il en sera de même, et pour les mêmes motifs, de l'intelligence, que nous plaçons entre la sensibilité et la volonté précisément parce qu'elle donne sa couleur à l'une et à l'autre, parce qu'elle détermine les caractères de l'une en préparant ceux de l'autre, et parce qu'elle est ainsi, en définitive, la commune mesure de leur valeur. Le cerveau du sauvage a en puissance toutes les énergies qui se manifesteront chez l'homme civilisé; et pourtant, son intelligence nous paraît rudimentaire : c'est encore qu'elle est étroite et simpliste. D'une part, la correspondance des idées avec la réalité est très limitée, sous le rapport de l'espace comme sous le rapport du temps; l'esprit, perdu dans la nature, ne s'ajuste qu'à un petit cercle de choses; c'est plus tard seulement qu'il pourra se mettre en équilibre avec l'immensité des phénomènes et s'égaler peu à peu, par un vaste effort, à l'infini de l'univers, présent, passé et futur. D'autre part, les idées étant peu nombreuses, impossible d'arriver aux combinaisons, aux abstractions, aux généralisations dont une intelligence plus riche serait capable; faute d'expériences suffisantes, impossible d'apercevoir les qualités communes à un grand nombre d'objets, de les coordonner, d'en saisir les lois constantes; et faute d'une représentation suffisante de ces choses réelles, impossible d'imaginer des combinaisons nouvelles, de parvenir à l'invention. D'où une vision intellectuelle aussi dépourvue de pénétration que de portée, à la fois bornée et passive, misérable en somme; et de là aussi, comme effet total de ces qualités négatives, toute une série de traits secondaires que le sauvage, comme l'enfant, offre partout et toujours : imprévoyance, incapacité d'embrasser des conceptions d'ensemble, impuissance à concentrer l'attention sur des choses abstraites, absence d'idées générales, de notions scientifiques, de curiosité rationnelle, extrême crédulité, tendance à l'imitation plutôt qu'à la création, et la suite. Voyez maintenant les conséquences, dans la vie sociale : tout à l'heure, nous avions remarqué que le sentiment dominant du sauvage, c'était la crainte; ce sentiment, n'étant pas contre-balancé par certaines idées rationnelles, que son intelligence ne peut concevoir ni dans l'ordre des rapports humains, ni dans l'ordre des rapports naturels, va produire deux résultats également remarquables : la peur des hommes puissants engendrera le premier gouvernement politique, la peur des revenants, unie à celle de quelques grands phénomènes, le premier gouvernement religieux, et l'homme primitif en restera là tant que son intelligence n'aura pas rêvé un ordre social fondé sur quelque idée de justice, un ordre naturel fondé sur quelque idée des lois positives qui régissent les choses d'ici-bas. — Reste la volonté, qui à son tour dépend des deux facultés précédentes; car si l'élévation et la largeur des sentiments dérivent surtout de certaines extensions correspondantes des idées, l'énergie et la direction de la volonté dérivent surtout de la qualité des sentiments qui l'excitent; et ainsi, par l'intermédiaire de la sensibilité, c'est encore l'intelligence qui détermine le plus puissamment la volonté. Cette volonté est libre, quoi qu'en aient dit certains métaphysiciens qui, à force de contempler les idées contraires qui s'entre-choquaient dans leur esprit, sans pouvoir se décider à prendre parti pour l'une ou pour l'autre et à agir, avaient peut-être bien fini, en effet, par perdre leur liberté personnelle. La meilleure preuve de cette liberté, c'est que nous en avons l'expérience intime : nous nous rendons très bien compte que si, d'ordinaire, nos actes répétés engendrent des habitudes et ces habitudes des actes presque instinctifs, souvent aussi nous agissons, toutes réflexions faites, et après un choix purement rationnel, dans un sens directement opposé à celui qu'eussent dû produire nos habitudes; et dans cette hypothèse, le simple bon sens indique assez qu'une force libre, inhérente à notre esprit, est intervenue spontanément dans le chaos des influences fatales qui nous pressent. Mais cette liberté a ses limites, tant internes qu'externes, et sans parler de toutes les lourdes contraintes qui viennent nous opprimer du dehors, il est clair que, dans bien des cas, nos sentiments mêmes nous enchaînent : l'intelligence seule peut nous délivrer. C'est dire que plus l'homme a de raison, plus il est libre, parce que plus il est raisonnable, et plus il peut régir ses passions, pour n'obéir qu'à des motifs intellectuels qui sont vraiment siens et pour ne dépendre ainsi que de lui-même; comme l'intelligence de l'homme s'est développée, dans l'ordre des temps, suivant une certaine évolution, il s'ensuit que sa liberté a grandi d'après une évolution parallèle; d'où l'on doit conclure que, chez le sauvage comme chez l'enfant, la liberté n'existait presque pas. Voyez, en effet, les caractères que présente la volonté de l'homme primitif. D'un côté, lorsqu'il se trouve sur le point d'agir, il ne se recueille pas en lui-même, il ne réfléchit pas, il ne pèse pas tous les motifs possibles de son action, comme ferait un civilisé, mais il se précipite, à l'aveugle, sous la dictée de la première impression : sa volonté est explosive. D'un autre côté, lorsqu'il a agi, il ne se demande pas si sa résolution était bonne, il ne l'examine pas à nouveau, il ne revient pas sur ses jugements, mais il persiste dans la ligne de conduite qu'il s'est tracée, et qui bientôt devient pour lui une formidable routine : sa volonté est obstinée. Etourderie et entêtement, c'est-à-dire encore étroitesse et simplicité, tels sont les traits de cette volonté primitive que la raison n'est pas venue éclairer. — Réunissez maintenant tous ces caractères du sentiment, de l'intelligence, de la volonté qui constituent l'âme élémentaire du sauvage; puis, étudiez l'âme des premiers types historiques d'un peuple, et comparez : vous trouvez entre ces deux groupes humains des différences de degré, non de nature; car l'homme est toujours le même, et seule une civilisation très raffinée peut métamorphoser ses facultés primitives au point de les faire oublier. Entre un pur sauvage et un Français du XIXe siècle, la distance est grande : entre ce sauvage et un vieux Gaulois, elle est minime; et c'est pourquoi il est absolument nécessaire, pour comprendre l'histoire d'une civilisation, d'analyser l'état d'esprit des premiers Barbares qui en ont pétri les bases vivantes avec toutes les passions de leur cœur obscur, avec tous les préjugés de leur faible intelligence, avec toutes les violences brutales de leur volonté.

Cette étude de l'homme primitif, de son corps et de son âme, ne nous livre pas seulement le secret des origines d'une civilisation : elle nous explique encore, dans une large mesure, la suite de son histoire, à cause des survivances physiques ou mentales qui y prolongent pendant des siècles le retentissement de l'état ancien ; mais elle ne contient pas d'avance cette histoire tout entière, puisque de nouveaux éléments interviennent sans cesse, qui se mêlent au développement normal des forces antérieures et qui modifient, en quelque sorte, les ondulations issues du mouvement primordial. Il faut donc observer, à chaque époque, l'homme transformé, dans son corps et dans son âme, et rechercher comment les métamorphoses de cette unité humaine influent elles-mêmes, au cours des âges, sur l'évolution de l'organisme social. Or, comme la condition morale de l'homme dépend de sa condition physique, en particulier de son système cérébral plus ou moins parfait, et comme cet être supérieur, pour être le premier entre tous, n'en est pas moins un animal, enfermé dans la hiérarchie même qu'il domine, on peut prévoir que les causes qui le transforment seront celles-là mêmes qui ont transformé la faune : la lutte pour la vie et la sélection. — En effet, considérons d'abord l'homme physique. Pour satisfaire à ses divers besoins, et par-dessus tout pour se nourrir, il doit soutenir un perpétuel combat contre la nature et contre les autres hommes. Lutte contre la nature : car il faut qu'il s'adapte à son milieu, terre, flore et faune, depuis l'air qu'il respire jusqu'aux animaux utiles ou dangereux qui l'entourent, et qu'il supporte, écarte ou tourne à son profit tout ce vaste ensemble de la matière et des êtres ; que s'il ne trouve pas autour de lui les éléments nécessaires à sa vie, il faut qu'il les importe de l'étranger, ou qu'il change lui-même d'habitat pour émigrer vers des contrées plus propices. Lutte contre ses semblables : car il faut qu'il défende son existence menacée par la concurrence sans trêve, pacifique ou guerrière, qu'il rencontre à la fois, sous toutes ses formes, dans ses rapports privés avec ses concitoyens comme dans les rapports de sa patrie avec les pays environnants. Au cours de cette éternelle bataille, les hommes les plus forts domptent la nature, qui écrase les plus faibles ; et les plus forts triomphent des autres hommes, à l'intérieur comme à l'extérieur, par la domination sociale ou par la conquête violente, tandis que les plus faibles succombent ou sont eux-mêmes vaincus, asservis, tués. D'autre part, les hommes qui ont le mieux résisté, étant les mieux organisés pour la lutte, transmettent cette supériorité à leurs descendants ; leurs qualités physiques se perpétuent, se fortifient, s'accumulent à travers les générations, par une sélection physiologique incessante ; des mélanges de races, où les types les plus puissants et les plus féconds l'emportent, viennent encore compliquer ce grand triage séculaire ; l'hérédité travaille la masse humaine et, d'âge en âge, la pétrit en des modèles toujours nouveaux. Finalement, l'homme physique n'est plus le même ; car à mesure qu'il s'efforçait de se mettre en équilibre avec le monde de la nature comme avec le monde humain, et à mesure que l'hérédité transmettait de père en fils ces facultés d'adaptation si précieuses, tout changeait en lui, organes et fonctions, forme et force des membres, grosseur de l'estomac, volume du cerveau surtout, dont l'étrange développement laisse assez deviner les profondes transformations intérieures. A tel point que le civilisé de nos jours, qui se trouve face à face avec un sauvage, image fidèle de ses propres ancêtres, se refuse à reconnaître un frère dans cet être bestial, qu'il serait plutôt tenté de renvoyer à ses forêts, avec les autres singes. — Mais passons à l'homme moral, dont la transformation, si étroitement liée à celle de l'homme physique, est encore plus frappante pour qui l'observe de près. Etant données les relations intimes du corps et de l'âme, du cerveau et de la pensée, de l'organe et de la fonction qu'il crée sans cesse après qu'elle l'a lui-même lentement créé, on ne sera pas étonné si nous disons que les facultés spirituelles changent en même temps que la machine où elles se jouent, de la même manière et suivant les mêmes lois. En effet, dans le combat pour la vie, l'homme lutte avec son âme, comme avec son corps, contre la nature et contre les autres hommes. Contre la nature, il lutte avec un acharnement séculaire par toutes les inventions de son intelligence, par tous les efforts de sa volonté : s'il peut améliorer la terre, la flore, la faune qui l'entourent, ce n'est point parce qu'il est plus fort, mais parce qu'il est plus ingénieux que les autres êtres ; et s'il fait venir à lui les produits de la nature étrangère, ou s'il va lui-même les chercher au loin, c'est presque toujours grâce à des moyens de transport que les animaux n'ont jamais su découvrir. Contre ses semblables, il lutte encore avec toutes les énergies de son âme, au dedans comme au dehors, en guerre comme en paix : dès qu'un ordre social s'est établi, ce ne sont plus des violences intestines qui décident du sort des citoyens d'un pays, mais leur activité, leur intelligence, leur caractère ; et dans les relations avec l'étranger, c'est avec des ruses diplomatiques, des armes perfectionnées ou des habiletés de tarifs qu'ils tentent d'imposer leur supériorité nationale, quand l'expansion du commerce et la propagande des idées n'ont pas suffi à la fonder. En même temps, une sélection psychologique se produit, qui assure le triomphe des types spirituels les plus parfaits : les qualités morales d'un individu deviennent bientôt des habitudes de sa pensée, qui se gravent dans son cerveau, y laissent leur trace et se transmettent à sa postérité ; puis, des idées nouvelles, venues du dehors, créent des mariages de génies divers, analogues aux mélanges des races, et qui rajeunissent encore le sang de l'esprit ; bref, de générations en générations, les âmes avancent et progressent, avec une vitesse acquise toujours plus grande, par le bienfaisant effet de l'hérédité. Voyez alors les résultats. Chez l'homme civilisé, la sensibilité s'est prodigieusement épanouie dans le temps et dans l'espace, tandis qu'elle se multipliait en complexités délicates ; si bien qu'on a vu, en Orient, toute l'immense race chinoise mépriser la guerre comme une folie incompréhensible, et en Occident, nombre de chrétiens rêver une charité étendue à toute la terre, pendant que les esprits les plus avancés appellent de leurs vœux le règne d'un ordre juridique qui donnera enfin la paix aux nations. L'intelligence s'est élargie jusqu'aux limites de l'infini dans la durée et dans les mondes, tandis qu'elle s'enrichissait chaque jour d'un plus merveilleux amoncellement d'idées ; si bien qu'on a vu la science se fonder sur d'immenses et sur d'inébranlables assises, l'histoire ressusciter des civilisations disparues dans la nuit des temps les plus reculés, la cosmologie embrasser dans les espaces tout le système des sphères célestes, et le génie humain égaler enfin par l'ampleur de ses conceptions la grandeur de sa race et la majesté de la nature. La volonté s'est illuminée de toutes les clartés que peuvent fournir le calcul à distance et la prévision lointaine des choses, tandis qu'elle se faisait tour à tour ferme ou changeante, stable ou variable suivant les conseils d'une froide raison ; si bien que l'homme moderne, ayant enfin conquis sa pleine liberté intérieure, est devenu apte à se diriger comme il lui plaît à travers les vagues tumultueuses de la vie, et qu'on l'a vu, conscient de son jeune pouvoir, quitter cette misérable barque où l'homme primitif, battu des flots, roulait sans défense et sans boussole à toutes les pires aventures, pour s'installer dans un vaisseau solide, que guide le soleil, que la vapeur gouverne, et qui, s'il sent encore les coups de la mer, la fend néanmoins d'une course infaillible et fière. Quel abîme entre le sauvage, avec son égoïsme féroce, son entendement rudimentaire, sa conduite d'enfant, et ce civilisé aux vastes amours, aux inventions hardies, à la volonté sereine ! Et quel contraste, surtout, lorsqu'on observe que, pour comble de malheur, les pauvres facultés du sauvage ne faisaient que s'entre-choquer perpétuellement, dans le plus lamentable désordre, tandis que les facultés du civilisé, grâce à leur perfection même, s'entr'aident les unes les autres et travaillent de concert avec une harmonie pondérée et un parfait équilibre ! Dès lors, tout est si changé qu'il devient encore plus difficile à l'homme moderne de reconnaître son âme dans celle de l'homme primitif, que d'y retrouver son aspect physique, et qu'il lui faut maintenant un effort intellectuel soutenu pour arriver à reconstruire, à l'aide des indices que peuvent fournir les anciennes histoires ou l'observation des sauvages, la psychologie de ses aïeux.

Nous n'avons considéré jusqu'ici que les unités sociales ordinaires, l'homme moyen tel qu'il apparaît à telle époque plus ou moins barbare ou civilisée. Mais la lutte pour la vie et la sélection, en assurant sans cesse le triomphe des corps les plus puissants ou des plus forts cerveaux, et en élaborant par les croisements héréditaires des types toujours plus parfaits, finissent par produire aussi des êtres doués de certaines facultés supérieures, qui les distinguent des autres hommes, et qui les amèneront souvent à les dominer, si les circonstances les favorisent. Plus l'évolution avance, et plus les unités sociales se différencient; plus la variété de ces unités augmente, et plus il naît d'individus originaux, qui échappent aux règles communes. Parmi ces individus se trouvent les grands hommes, dont le rôle historique est trop exceptionnel, et parfois trop considérable, pour qu'il ne convienne pas de les mettre à part. En effet, à côté des causes générales du progrès, parmi lesquelles sont les unités sociales moyennes, il y a des causes particulières, qui, sans jamais détourner pour bien longtemps le cours naturel des choses, le troublent cependant dans une certaine mesure, et en modifient plus ou moins la direction; or, parmi ces forces singulières, les grands hommes sont au premier rang. C'est un élément qu'ont trop exalté les déclamateurs littéraires, épris de tout accident qui brille, mais qu'ont trop négligé les savants sérieux, amoureux des lois. « Lorsque nous avons considéré, dit Taine[1], la race, le milieu, le moment, c'est-à-dire le ressort du dedans, la pression du dehors et l'impulsion déjà acquise, nous avons épuisé non seulement toutes les causes réelles, mais encore toutes les causes possibles du mouvement. » Non : car lorsque nous avons considéré ces larges facteurs, il nous reste encore à observer les éléments secondaires qui interviennent dans la marche générale; et comme l'évolution va du simple au complexe, le rôle toujours croissant des originalités individuelles s'impose d'autant plus à notre étude que la civilisation est parvenue à un degré plus élevé. C'est alors surtout qu'on voit apparaître ces hommes étranges dont le génie, fondé le plus souvent sur une complexion physique particulière et sur une organisation spéciale du cerveau, étonne la foule par sa vigueur ou par sa bizarrerie, par sa santé puissante ou par sa monstruosité maladive, par son harmonie extraordinaire ou par son équilibre inégal, en tout cas par certaines singularités éclatantes qui le distinguent entre tous les autres esprits. Ces produits de la sélection, excellents ou difformes, toujours anormaux,

[1] *Histoire de la littérature anglaise*, introduction, § V, *in fine*.

pourraient être étudiés et classés de bien des manières. Par leur nature subjective, il en est qui représentent surtout la sensibilité, d'autres l'intelligence, d'autres la volonté; et bien que ces facultés diverses se trouvent d'ordinaire mêlées en eux dans des proportions difficiles à mesurer, il n'en est pas moins certain que, presque toujours, le développement de l'une domine celui des autres : chez un Vincent de Paul, l'esprit et la volonté sont au service du cœur; chez un Pasteur, le cœur et la volonté sont au service de l'esprit; chez un Napoléon, le cœur et l'esprit sont au service d'une volonté souveraine. Par leur application objective, ces génies ne diffèrent pas moins, et c'est là surtout qu'éclate le rôle psychologique de l'intelligence, comme lumière de toutes les énergies spirituelles; car si l'ampleur des objets et des rapports qu'embrasse l'esprit est presque tout chez un inventeur, n'est-elle pas aussi la vraie mesure du génie chez un grand charitable ou chez un grand politique? La pensée pure peut se suffire à elle-même, et un vrai savant sera toujours un grand homme; tandis que, sans l'élévation et la largeur de l'esprit, l'amour ni la volonté ne seraient rien. Mais ce sont surtout les résultats sociaux de ces influences individuelles qui doivent intéresser l'historien. Entre les grands hommes, il n'y a jamais eu d'homme nécessaire : l'immense cortège de peuples dont se compose l'humanité foule d'un pas lent et sûr une grande route, une voie royale qui doit le conduire à ses secrètes destinées; les plus fortes têtes, les plus nobles cœurs, les plus puissantes autorités n'arriveront jamais qu'à indiquer quelque chemin de traverse, à y entraîner un groupe ou à l'y pousser par la violence; sans ces chefs de file, qui hâtent et abrègent la marche, le voyage pourrait durer plus longtemps : il aboutirait au même but, après quelques siècles, car tous les chemins mènent à Dieu. Mais si Dieu seul est nécessaire, il n'en est pas moins vrai que les grands hommes sont souvent utiles à l'humanité. Non les conquérants et les politiques, qui d'ordinaire font l'histoire, c'est-à-dire une œuvre assez vile, et entre lesquels il est plus de malfaiteurs que de braves gens : trop de Bismarck, et pas assez de Gladstone; mais les hommes d'amour, qui fondent les douces religions, les hommes de science, qui éclairent prodigieusement le chemin sombre, tous les grands pacifiques dont l'effort combiné crée, sous les horreurs de l'histoire, le progrès de la civilisation. Les premiers ne sont guère, le plus souvent, que l'incarnation de leur époque et l'épanouissement de toutes les passions d'une foule vulgaire, qui les suit, parce qu'elle s'est reconnue en eux; les seconds, que les hommes remercient d'ordinaire par l'indifférence, quand ce n'est pas par le martyre, sont presque toujours des précurseurs, que leur temps ne comprend pas, parce qu'ils le devancent; et c'est pourquoi ce sont aussi, entre tous les grands hommes, ceux qui doivent surtout appeler l'étude de l'historien des civilisations.

Lorsqu'on a ainsi considéré l'homme, en tant qu'unité sociale, soit dans les types normaux qu'offre la moyenne d'une race, soit dans les types singuliers qui, tout en dépassant cette moyenne, n'en montrent souvent qu'avec plus d'éclat, par similitude ou par contraste, l'esprit même du groupe dont ils sont sortis, il reste à observer un dernier élément générateur de l'histoire. Après la nature, qui est comme le fondement des phénomènes historiques, après l'homme, qui en est l'agent direct, une troisième grande force apparaît, qui, pour être le produit spontané des efforts de l'homme et des influences de la nature, n'en constitue pas moins un facteur à part, distinct des deux autres : je fais allusion à la société. En effet, la société n'est pas seulement la somme des unités qui la composent : elle est quelque chose de nouveau et de différent. En se réunissant, les individus lui donnent naissance : mais dès qu'elle existe, elle acquiert une vie propre, indépendante, et bientôt ceux-là mêmes qui l'ont organisée deviennent les esclaves de sa puissance formidable. L'homme fait la société : mais à son tour la société le domine. Il la crée : elle le mène. Autant que la nature, autant que l'homme, elle conduit l'histoire, dès ses origines; et plus l'histoire avance, plus elle l'entraîne, d'un mouvement presque irrésistible, par l'énormité toujours croissante de sa masse et par l'accumulation de son poids.

Regardons une société primitive. — Dans un groupe de sauvages, tel qu'on peut le rencontrer aujourd'hui, le volume social est toujours restreint. Quelle que soit l'étendue du territoire qu'occupe une race, et quel que soit le nombre des hommes qui peuplent ce territoire, jamais on ne se trouve en présence d'un vaste corps uni et centralisé ; au contraire, ce qu'on observe toujours, c'est une multitude de petits groupes distincts et indépendants, un éparpillement de sociétés minuscules. Chez les sauvages les plus inférieurs, le groupe social se compose d'une seule famille, comme chez les singes ; à un degré plus élevé, la bande embrasse plusieurs familles ; plus haut encore, l'agrégation se complète et une tribu se constitue : mais ces troupes discrètes ne s'unissent pas pour former un large ensemble politique. Ce faible volume a pour résultat direct une organisation rudimentaire : car faute d'un nombre d'hommes suffisant, la masse sociale ne peut se diversifier, ni au point de vue des fonctions, ni par suite au point de vue des organes. C'est à peine si l'on peut voir s'ébaucher la distinction élémentaire d'un système gouvernemental et d'un système producteur, le premier représenté surtout par les chefs de famille ou de tribu, le second par les travailleurs ordinaires : l'un, trop vague encore pour donner naissance à une véritable classe dirigeante, l'autre, pour permettre une division des tâches plus complexe que celle qui résulte simplement de la différence d'occupations des deux sexes. Cette pauvre organisation, à son tour, ne peut créer que des produits misérables : pour la vie matérielle, des huttes grossières, d'humbles vêtements, des armes et des outils primitifs ; pour la vie spirituelle, un langage enfantin, image de la pensée indigente, des connaissances bornées, de folles superstitions ; des arts réduits à quelques ornements corporels, à quelques chants guerriers, à quelques sculptures informes ; une morale égoïste enfin, qui n'arrive guère au respect de la vie ou de la propriété d'autrui que dans la mesure où la peur l'y force. C'est que, pour obtenir une meilleure qualité des produits sociaux, une plus grande quantité d'agents sociaux est requise : les plus hautes entreprises de l'activité civilisée exigent souvent le concours direct d'une population immense ; et la nécessité de cet élément apparaît au moins, dans tous les cas, d'une manière indirecte, puisque autrement il ne saurait y avoir de coopération compliquée, partant point de ces travailleurs spécialistes qui seuls peuvent préparer, chacun dans son domaine, les plus beaux résultats de l'effort humain. Ainsi, fatalement, l'étroit volume d'une société primitive entraîne la simplicité de son organisation, et à son tour, cette simplicité de la machine sociale entraîne, par une conséquence inévitable, la misère de ses produits. — Si nous considérons maintenant, non plus l'état présent d'une tribu sauvage, mais l'état passé d'une race civilisée, à ses débuts, nous y retrouverons les mêmes traits, d'avance tracés par les mêmes causes. Qu'on se rappelle, par exemple, la condition des Gaulois avant la conquête romaine. Chacun sait qu'ils ne constituaient pas une nation, mais un assemblage incohérent de peuplades diverses. Par suite, dans chacune de ces peuplades, un groupe social nécessairement peu nombreux. Par suite aussi, une organisation primitive : une organisation gouvernementale barbare, violente, déséquilibrée, où l'homme libre ne trouvait pas de place entre le noble et l'esclave ; et une organisation industrielle peu développée. Par suite enfin, des produits sociaux très imparfaits : pour la vie matérielle, des huttes enfumées, qu'ornaient les têtes clouées des ennemis ou des animaux tués, des armes mal trempées, des outils vulgaires ; pour la vie spirituelle, un langage si médiocre qu'il devait disparaître à la seule apparition du latin, une ignorance complète, une religion sanglante dont les prêtres, en même temps magiciens, médecins et juges, n'étaient nullement supérieurs aux sorciers que possède toute tribu sauvage ; des arts représentés par les chants guerriers des bardes, par des danses de nuit, par de banales parures, par la craie, le vermillon et la suie dont les femmes se barbouillaient ; enfin, un esprit de férocité universel qui eût étouffé tout essai de morale sociale. Ainsi se vérifie, dans l'histoire, l'influence du volume d'une société sur son organisation, de son organisation sur ses produits, et ce que le voyageur contemporain peut noter chez les races les moins avancées, l'historien le constate pareillement dans l'enfance de toutes les civilisations. — Or, rien de plus important à étudier que ce premier état de la vie sociale. Car, outre que l'enveloppement général de cette société que les hommes ont faite réagit à son tour sur eux et modèle pour jamais l'âme des pères de la race, les premières conditions de la structure sociale, elles aussi, déterminent pour une très large part ses formes futures, en même temps que les premiers produits sociaux vont servir de point d'appui et de base à tout le développement ultérieur. C'est le mouvement initial, qui dirige tout, ou presque tout, dans la suite. L'arbre est dans la graine, et d'avance, toute l'histoire de l'arbre est dans ce germe dont il sort.

Mais de même qu'un grand arbre, arrivé à son plein épanouissement, manifeste à la fois, et les forces contenues dans son germe, et les éléments de vie qu'il a empruntés, durant sa lente croissance, à l'air, à la lumière, à toutes les influences du dehors, de même la société transformée, telle que nous pouvons l'examiner à cette heure, n'est pas seulement le résultat du progrès normal que faisait prévoir la société primitive : elle est aussi l'effet d'une longue évolution, qui s'est également accomplie dans le temps et dans l'espace, et que nous devons considérer sous ces deux rapports. — Sous le rapport du temps, en vertu de la seule multiplication de l'espèce, la population d'une société augmente fort vite, et à moins que les famines, les épidémies, les guerres ne l'arrêtent, bientôt elle arrive à un chiffre très élevé ; en outre, peu à peu, grâce à une sorte d'attraction qui existe dans le monde humain comme dans le monde matériel, de petites sociétés voisines viennent se joindre à elle ; par cette double agrégation, individuelle et sociale, son volume croît rapidement. De là aussi une complexité grandissante de toute son organisation intérieure : de son organisation gouvernementale, dans une certaine mesure, puisque fatalement, au sein de ce tout que composent une multitude de parties, les fonctions publiques se précisent, les classes se distinguent, et de nouveaux rapports s'entrelacent sans cesse entre ceux qui dirigent et ceux qui sont dirigés ; mais aussi, et surtout, de son organisation laborieuse. En effet, pour nourrir l'excès de population, il faut que l'agriculture se développe, et de la sorte, une relation intime s'établit entre l'accroissement du volume social et l'amélioration des procédés de culture. L'industrie aussi avance, grâce à la division du travail : on est parti de la simple distinction des tâches que peuvent se partager l'homme et la femme ; bientôt on passe à la séparation des métiers et, dans chaque métier, des diverses branches qu'il comporte ou des phases successives qu'admet une opération quelconque ; on arrive enfin, lorsqu'on a bien vu comment une œuvre complexe peut se décomposer en une série de mouvements simples, à l'invention des machines et au système des manufactures, qui porte l'industrie à son plus haut point de perfection. En même temps, le commerce se spécialise, de la même manière, tandis que ses débouchés toujours plus nombreux, l'incitant à répandre des objets toujours plus abondants et plus variés, lui donnent une amplitude prodigieuse. Par tous ces progrès dans la répartition des travaux, les individus deviennent peu à peu comme les membres d'un seul corps, comme les parcelles vivantes d'un vaste organisme, et la solidarité humaine s'établit. Cette organisation complexe aboutit enfin à des produits sociaux merveilleux, qui n'auraient jamais pu exister sans elle. Pour la vie matérielle, ce sont des villes peuplées de palais, où tout marche à la vapeur et à l'électricité, où toutes les commodités sont rassemblées. Pour la vie spirituelle, c'est une science qui embrasse l'univers, qui atteint les mondes les plus éloignés, qui scrute l'infiniment petit au sein des plus humbles êtres, et c'est une langue riche, digne de son objet, que l'écriture recueille et que l'imprimerie jette aux quatre vents de l'espace ; c'est un art qui inspire d'admirables tableaux, qui fait chanter les plus divines symphonies, qui entasse dans les bibliothèques des chefs-d'œuvre dont s'enorgueillira éternellement l'esprit humain ; et c'est une morale plus douce, plus fraternelle, dont sans cesse le champ d'action s'élargit, qui consacre tous les devoirs sociaux, qui rend l'existence de l'homme toujours plus sûre et plus raffinée. Ces produits d'une civilisation supérieure, voilà le vrai trésor de l'humanité. Chaque société en a sa part, précieux héritage de ses ancêtres, qu'elle conserve et qu'elle enrichit pour le transmettre ensuite à ses descendants. Dans ce trésor, sans doute, il y a des pièces fausses, qui ne font qu'alourdir la marche d'un peuple : il y a un amas de vieilles erreurs, de vieilles coutumes usées, de vieilles habitudes qui sont comme un poids mort, inutile ; mais il y a aussi tant de choses nécessaires que, si les nations brûlaient leurs dépôts de livres, elles retomberaient soudain dans la barbarie, pour des siècles entiers. Dans tous les cas, on ne saurait nier le rôle de ce legs du passé, qui prépare si puissamment l'avenir. C'est une masse formidable, accumulée par le temps, que chaque génération trouve en venant à la vie ; qui s'accroît, grossit, s'arrondit sans cesse ; qui fait boule de neige, et qui désormais va rouler à travers l'histoire comme une des plus redoutables forces du progrès. — Mais si l'apport des siècles est une des principales causes des transformations d'une société, les emprunts que cette société peut faire au monde extérieur, par ses relations avec les sociétés voisines, ne sont pas un élément moins digne d'intérêt. A la différence de l'élément de temps, cet élément nouveau n'agit pas toujours d'une manière constante et continue : le plus souvent, il opère par intermittences, et on ne le remarque que dans quelques brillantes occasions ; mais en général, il fomente sourdement l'évolution d'une race, et bien des fois, la réveillant par une secousse brusque, il lui donne tout à coup le plus merveilleux élan. Pour que la civilisation se développe, en effet, une certaine stabilité et une certaine variabilité sont également nécessaires : la première condition se réalise surtout grâce au temps, qui est conservateur par essence ; la seconde se réalise surtout dans l'espace, qui, mettant sans cesse une société en contact avec les pays environnants, l'oblige à se transformer très vite, à certaines périodes de son histoire, pour ne pas rester au-dessous des autres peuples et pour se hausser en hâte au niveau commun. Négligeons le cas, pourtant si ordinaire dans les âges anciens, où une société, chassée par une société plus forte, se voit jetée dans un habitat inférieur, défavorable à son développement ; et laissons aussi le cas inverse où une société, refoulant une société plus faible, s'empare elle-même d'un habitat supérieur, propice à ses progrès : car ces deux hypothèses se ramènent à l'influence de la nature, qui n'a été que provoquée indirectement par la lutte des deux sociétés rivales. Mais considérons seulement les rapports directs, de paix ou de guerre, qui rapprochent deux pays voisins. Ces rapports, au début des civilisations, sont surtout de violentes rencontres ; plus tard, bien que la guerre n'ait pas disparu des usages internationaux, qui sont encore dans l'état de barbarie, les communications deviennent surtout pacifiques et prennent la forme d'échanges utiles, tant matériels que moraux. Dans l'un et l'autre cas, à mesure que ces relations se multiplient, et suivant les modes divers qu'elles revêtent, elles entraînent toujours de grands mouvements et des changements profonds dans une société. D'abord, maintes fois, elles en modifient le volume, soit qu'elles l'augmentent par la prise de nombreux esclaves, ou par l'annexion de populations entières, ou par la conquête de provinces fertiles qui vont faciliter l'alimentation de la masse, soit qu'elles le diminuent par des combats meurtriers, ou par de fortes pertes d'hommes vivants et de terres utiles. Ensuite, ces relations exercent une influence immédiate, et très puissante, sur l'organisation même du corps social. Non pas tant sur son organisation laborieuse : bien que le libre échange, par exemple, puisse métamorphoser toute une situation nationale en introduisant dans l'industrie, dans le commerce et même dans l'agriculture une division internationale du travail ; mais surtout sur son organisation politique. Est-il besoin de démontrer, en effet, que dans un état de guerre habituel, les contrecoups certains de la lutte pour l'existence seront, à l'intérieur, un gouvernement centralisé, une classe militaire puissante, une prédominance constante accordée à tout ce qui concerne la défense du pays, tandis qu'au contraire, dans un état de paix habituel, le seul développement normal des classes laborieuses leur donnera bien vite la richesse et, avec elle, toute l'influence dans l'État ? Enfin, par-dessus tout, ces relations extérieures augmentent toujours le patrimoine national en y amenant les produits, matériels ou intellectuels, des races plus avancées. Peut-être même tenons-nous là le suprême facteur de l'évolution des sociétés ; car n'est-ce pas le ferment sacré qui, en se transmettant sans cesse d'un pays à l'autre, fait circuler partout l'esprit de perfection et, perpétuellement, renouvelle toutes choses dans le monde ? Qu'on jette un seul coup d'œil sur l'histoire universelle, d'Orient en Occident, de l'antiquité aux temps modernes, et on se rendra compte de ce fait. Telle grande idée, qui n'est plus rien pour une vieille société civilisée, et qui tombe tout à coup sur une jeune race barbare, s'éclaire sur ses épaules comme un manteau de gloire et la change soudain en une brillante prêtresse du progrès. Que d'inventions, que d'industries nouvelles, que de conceptions fécondes, ainsi importées, ont métamorphosé une société tout entière ! Que d'éveils reçus de tous côtés, au cours de l'histoire, par une seule nation ! D'autant plus que les sociétés voisines continuent d'avancer elles-mêmes, et qu'ainsi, à son propre élan, le corps social qu'on considère vient sans cesse ajouter le mouvement énorme qui entraîne l'ensemble des autres corps.

C'est ainsi qu'aux influences naturelles et aux entreprises des individus, la société ajoute sa force indépendante. On ne comprendrait rien à l'évolution des choses si on ne tenait compte de ce dernier élément : car soit par ses caractères primitifs, d'avance si puissants sur l'avenir, soit dans ses caractères transformés, qui pèsent sur le présent d'une si lourde charge, la société s'impose au progrès de l'histoire comme une puissance à part, dont rien ne peut arrêter l'effet. L'homme a cru dompter la nature : mais elle ne cesse pas de l'envelopper et de le tenir en sa dépendance. Il a édifié la société : mais ce glorieux palais qu'il fonda est devenu une prison terrible, inextricable, qui l'enferme en ses murailles séculaires, qui l'écrase de sa masse puissante, et où il restera éternellement captif. Aux prises formidables de la nature, la société a ajouté ses contraintes, et c'est seulement entre ces deux grandes forces que l'homme peut travailler à ses destinées, comme une force libre, sans nul doute, mais de toutes parts limitée dans l'exercice de sa liberté. Si donc on veut connaître les causes qui mènent la civilisation, dans un pays et dans un temps donnés, il faut embrasser ces trois forces tout ensemble ; car c'est de leur équilibre général que résulte une situation historique, et le développement particulier de tout phénomène historique dérive du jeu combiné de leur action.

VI

La véritable histoire n'étant pas celle des batailles, mais celle de la civilisation, il s'ensuit que les seuls phénomènes historiques dignes d'étude sont ceux qui marquent, à chaque étape, le progrès de cette civilisation. Or, la civilisation consiste surtout dans un certain état de perfection de la vie humaine, tant sociale qu'individuelle ; et par conséquent, pour se rendre compte de l'influence qu'exercent sur elle les trois agents que nous avons décrits, il convient de jeter un coup d'œil rapide sur les principales manifestations de cette vie humaine, sur les principaux phénomènes qu'implique le développement parallèle de l'association et des associés.

Considérons d'abord les deux groupes élémentaires que suppose toute vie sociale un peu avancée : la famille et l'État. Quels sont les caractères que la famille tire de la nature, de l'homme, de la société ? Quels sont les caractères qu'en reçoit l'État ? — Pour commencer par la famille, il est clair que cette institution initiale, origine spontanée de tout l'ordre social, doit dépendre, en premier lieu et surtout, des influences naturelles. En effet, d'une part, c'est de la nature primitive que viennent les premiers traits de son organisation : la terre détermine, par son climat, certaines qualités de la race, qui à leur tour façonnent d'une certaine manière le corps familial ; elle détermine ensuite, par les caractères de sa surface, d'autres qualités de la race, en même temps qu'elle agit directement, par ces caractères plus ou moins propices, sur la facilité ou la difficulté relatives des premiers groupements humains ; elle détermine enfin dans une large mesure, par sa composition intérieure, c'est-à-dire tantôt par sa pauvreté, tantôt par sa fertilité et par ses richesses, les premiers essais de la vie agricole ou de la vie industrielle, avec toutes les conséquences qui en dérivent pour l'organisation familiale ; tandis que la flore et la faune, avec toutes les variétés qu'elles admettent, déterminent elles-mêmes les types les plus divers de cette organisation. Comparez, par exemple, la forêt et la steppe, et vous verrez comment la nature primitive a pétri deux systèmes de famille opposés : car dans la forêt, vous rencontrez toujours un peuple chasseur, vivant d'une existence précaire, chez qui les familles sont rares, éparses, et où les pères n'ont point d'autorité ; et dans la steppe, toujours un peuple pasteur, vivant de l'existence régulière que ses troupeaux lui assurent, chez qui par conséquent les familles sont nombreuses, liées par des occupations qui exigent la coopération de tous leurs membres, et où les pères possèdent cette autorité suprême qui est partout le signe de l'état patriarcal. D'autre part, de bonne heure, la nature transformée vient modifier ces premiers traits : si le climat change peu, en revanche la surface du sol revêt des aspects nouveaux, et le fonds de la terre révèle de nouvelles ressources ; en même temps, la flore et la faune, métamorphosées aussi par l'effort humain, agissent à leur tour sur les groupes sociaux, en particulier sur la famille. Là-dessus, comparez quelques types bien tranchés de la vie agricole ou de la vie industrielle, observez ce qu'est la famille chez le paysan, chez l'éleveur, chez le mineur, chez l'ouvrier des manufactures, distinguez encore suivant la variété des cultures et des industries, dans chaque pays, dans chaque province, et vous reconnaîtrez aussitôt que cette nature transformée que l'homme exploite, qui le nourrit et le soutient, n'en continue pas moins d'exercer, en bien ou en mal, sur le caractère de ses institutions domestiques l'effet le plus puissant et le plus direct. — Il n'est pas moins certain que ces institutions dépendent, en second lieu, de l'homme lui-même, corps et âme, et aussi bien de l'influence lointaine des ancêtres que des qualités présentes des vivants : car la famille est ce que sont les unités qui la composent. D'une part, les caractères physiques de l'homme primitif, notamment sa précocité, déterminent les premières formes des relations entre les sexes, et par contre-coup, dans une large mesure, des relations entre parents et enfants ; tandis que ses caractères moraux, notamment la brutalité de ses passions, l'étroitesse de son intelligence qui ne vise d'abord qu'à une exploitation utile de la femme et des enfants mâles, enfin les violences changeantes de sa volonté, n'agissent pas moins profondément sur l'organisation familiale. D'autre part, les caractères physiques de l'homme transformé, résultats d'une hérédité formidable, ajoutent de nouvelles influences, plus complexes, à cette énorme accumulation d'influences passées que la famille elle-même a transmises au cours des siècles, et qui à leur tour s'imposent à son avenir; tandis que ses caractères moraux, tels que ses sentiments sur l'amour ou sur l'honneur du nom, ses idées religieuses, ses décisions réfléchies, donnent à la famille mille aspects nouveaux. Que si l'on étudiait, après le rôle des hommes moyens en tant qu'unités, la mission extraordinaire des grands hommes, que d'autres preuves de l'action humaine sur les institutions domestiques! Le Christ paraît, et la condition de la femme est changée, avec toutes les suites secondaires qui dérivent de cette condition. — Enfin, en troisième lieu, la structure de la famille dépend aussi, sans nul doute, de la constitution de la société. D'une part, en effet, la société primitive, que l'agrégation même des familles a établie, imprime en retour à ces familles des caractères particuliers. Son volume, plus ou moins dense, influe manifestement sur le resserrement ou le relâchement des liens domestiques, et la composition même de cette masse, notamment la quantité relative d'hommes et de femmes qu'on y rencontre, suffit à modeler parfois les rapports des sexes sur des types aussi opposés que la polygénie et la polyandrie. L'organisation de cette société primitive est aussi à considérer : car, sans parler des petits groupes sauvages, à peine dégagés des mœurs animales, où l'absence de tout système politique ne manque jamais de répondre à une absence pareille de tout système domestique certain, on peut constater que chez les sociétés simples, où la tribu intervient peu dans le gouvernement des particuliers et où, en somme, l'unité sociale n'est ni l'État, ni l'individu, mais la famille elle-même, l'organisation de cette famille, avec tous les attributs qu'y revêtent la magistrature du père et la situation des autres membres, apparaît comme un effet remarquable des conditions de la société. Les produits de cette société, enfin, ont leur influence : produits matériels, comme la perfection des instruments de travail, d'où dépend la vie même de la société, par suite son volume et sa constitution, par suite son action sur la famille, ou comme la seule nature de ces instruments, qui, en déterminant certaines formes d'organisation du travail, prolonge ses effets sur la vie domestique elle-même ; produits spirituels, comme certaines superstitions religieuses, certaines idées régnantes sur la beauté de la femme, certaines particularités de la morale reconnue, qui suffisent à faire naître un prodigieux développement de coutumes spéciales dans l'économie du groupe familial. D'autre part, la société transformée, qui n'est elle-même qu'un legs de la société primitive, embrasse la famille d'une étreinte toujours plus forte. Son volume grandissant, où la concurrence vitale s'exaspère, écrase cette petite association de tout son poids formidable et la remue sans cesse du contre-coup de ses mouvements : c'est la famille qui fait la population, mais c'est la population qui fait la famille. La vaste organisation, solide et régulière, de cette société complexe saisit l'homme pour l'asservir à ses fins, et comme la famille est un élément nécessaire à la conservation de l'ensemble, elle l'oblige à entrer dans son mécanisme, à devenir un de ses rouages essentiels : c'est pourquoi, dans les vieilles sociétés militaires, le père est toujours un chef despotique, la femme une inférieure, les fils des sujets, livrés à la tyrannie du père et subordonnés même à leur frère aîné, tandis que dans les jeunes sociétés industrielles, la famille ne reflétant plus un système d'absolutisme politique, mais un système de coopération volontaire, l'autorité maritale devient plus intelligente, l'autorité paternelle plus douce, l'équité régit le groupe tout entier; et s'il était besoin d'indications plus précises, n'est-il pas évident que la nature des relations entre conjoints dépend de la façon dont les lois civiles, toujours écrites d'après le type gouvernemental de la société, règlent le contrat de mariage, sa formation, ses effets, sa dissolution possible, tandis que les relations entre parents et enfants dépendent de la façon dont ces lois règlent, non seulement les attributs de la puissance paternelle, mais encore l'ordre des successions, et notamment, à ce propos, du simple point de savoir si elles imposent au père, soit la conservation des biens par le droit d'aînesse, soit le partage forcé de ces biens, ou si au contraire elles lui laissent, entre ces deux extrêmes également despotiques, la liberté de tester? Quant aux produits sociaux, est-il nécessaire de démontrer qu'ils ont aussi leur action sur la famille? Plus la société est raffinée, plus le trésor de ses produits matériels s'accroît, et plus cette accumulation de richesses, avec tout l'ensemble de besoins nouveaux qu'elle suppose, avec tout l'ensemble de travaux qu'elle impose, devient puissante sur la vie humaine, sur la vie domestique en particulier; en même temps que les produits spirituels, comme les théories religieuses ou sociales dans le domaine de la connaissance, les œuvres d'art de toute espèce, théâtre ou romans, peinture ou musique, objets de luxe pour la maison ou pour la toilette, dans le domaine de l'esthétique, enfin et surtout, dans celui de la morale, le système de droits et de devoirs généralement accepté, font du groupe familial un faisceau serré ou, tout au rebours, une simple juxtaposition d'êtres sans lien et sans force. Ainsi, la société s'appuie sur le foyer; mais en même temps, c'est elle qui le maintient ou le ruine, qui le fait briller d'un éclat solide ou qui au contraire l'éteint, l'étouffe, disperse ses cendres à tous les vents. La petite association spontanée, issue de la nature et organisée par l'homme, suit cependant le sort du corps immense dont elle fait partie, et plus la société se transforme, plus la famille subit de changements.

De ce groupe élémentaire, passons au groupe suprême, à l'État: nous y verrons l'action combinée des mêmes forces engendrer les mêmes effets généraux. — C'est d'abord la nature qui, ici encore, montre son empire. La nature primitive, par le seul effet du climat et des accidents du sol, engendre un état libre ou un état despotique, et, par la seule composition de la terre, stérile ou fertile, pauvre ou féconde en ressources, elle engendre un système nomade ou sédentaire, guerrier ou pacifique, agricole ou industriel, avec toutes les institutions qu'impliquent ces différents types; tandis que la flore et la faune, par leur abondance relative, déterminent également le mode d'existence du peuple, donc aussi son organisation politique, et qu'elles entraînent fatalement, par leur variété, une diversité correspondante dans la situation des classes laborieuses, donc encore dans la constitution même des puissances publiques qui ont pour mission de les diriger. D'autre part, la nature transformée ajoute peu à peu, à cette influence fondamentale, des actions nouvelles : c'est ainsi, par exemple, que la seule ouverture de nombreuses voies de communication à la surface d'un pays peut y produire la centralisation politique ; et c'est ainsi encore que l'abandon de la chasse, devenue trop peu productive, pour l'agriculture, ou de l'agriculture, devenue trop peu rémunératrice, pour l'industrie, peut métamorphoser le genre d'existence d'un peuple et, par suite, son gouvernement. — Mais si la nature apparaît ainsi, surtout au début, comme la première cause des institutions politiques, il est bien certain qu'à ce point de vue le rôle de l'homme est encore plus remarquable, parce qu'il est plus précis et plus direct. Transportez une race d'un pays dans un autre : elle domptera la nature, bien plutôt qu'elle ne sera domptée par elle, et de longtemps ses institutions ne changeront pas ; c'est donc que la nature, ayant créé par un travail séculaire les caractères propres d'une race, s'est trouvée avoir accumulé en cette race une force qui la dépasse elle-même, et qu'elle ne pourrait détruire que par un travail séculaire, mené à rebours ; et par conséquent, c'est beaucoup plus aux qualités de l'homme qu'à celles de la nature qu'il faut prêter attention lorsqu'on recherche les causes immédiates de l'organisation des États. Cette organisation dépend d'abord des caractères, physiques et moraux, de l'homme primitif. De ses caractères physiques : car suivant qu'une race est, par tempérament, et en vertu des influences naturelles, molle ou active, précoce ou tardive, forte ou débile, suivant que la constitution même des cerveaux y est capable d'un plus ou moins haut degré de développement, ses institutions seront fatalement très diverses. De ses caractères moraux : car suivant les modes de sentir, de penser et de vouloir que l'hérédité a fixés dans la psychologie de la race, et qui donnent, unis à sa physiologie générale, le ton national ; suivant que l'esprit de la masse est paisible ou belliqueux, indépendant ou servile, nous trouvons des types de gouvernement non moins divers, tant pour le système de la défense extérieure que pour les rapports intérieurs des dirigeants et des dirigés. Un Hindou n'a pas le tempérament physique d'un Anglais ; il ne sent pas, ne pense pas, ne veut pas non plus de la même manière : c'est pourquoi l'Angleterre n'a jamais rêvé d'imposer à l'Inde ses institutions, et c'est pourquoi encore, en dépit de tout, la race hindoue échappera quelque jour à la domination factice de la race anglaise. Si nous considérons maintenant, non plus une antique race qui persiste dans ses caractères primitifs, mais une race qui s'est transformée, nous voyons que les caractères physiques de cette race, originels ou acquis, diminuent peu à peu d'importance, tandis que ses caractères moraux, originels ou acquis, conservent tout leur pouvoir. La race française ne présente presque plus les traits physiques de la race gauloise, ni la race allemande ceux de la vieille race germanique : mille croisements les ont lentement effacés ; et quant aux traits physiques nouveaux que peuvent offrir ces deux grands peuples, ils n'ont plus, en ce qui concerne les formes du gouvernement, l'influence qu'ils avaient jadis. Au contraire, il serait facile de reconnaître, dans l'un et l'autre pays, les traits moraux qu'y avaient notés, il y a bientôt deux mille ans, César et Tacite, en même temps qu'on y rencontre de nouveaux traits moraux surajoutés ; et c'est de ces traits moraux, anciens ou récents, que dépendent maintenant les institutions politiques. La question de race, à l'origine, était surtout une question de physiologie : elle est devenue surtout une question de psychologie ; mais sous cette forme plus élevée, elle maintient son empire : et c'est pourquoi, s'il importe moins d'étudier, quant à leur influence sur l'État, les caractères physiques de l'homme transformé, ses caractères moraux s'imposent au contraire, plus que jamais, au chercheur des causes. Toute nation a un idéal, qui est celui de la moyenne de ses unités, et qui représente certaines tendances psychiques générales ; son gouvernement est la réalisation, plus ou moins parfaite, de cet idéal ; pour comprendre l'un, il faut avoir analysé l'autre. Qu'on mette en regard, par exemple, l'habitude intellectuelle des Anglais de se gouverner eux-mêmes, l'habitude intellectuelle des Français de toujours compter sur l'intervention d'autrui, et on aura tout le secret de deux conceptions de l'État d'où dérivent mille différences secondaires. Les institutions publiques sont faites par l'homme, pour lui-même ; elles sont l'expression normale de ses besoins : l'État se modèle donc sur les individus, et quiconque connaît l'esprit moyen de la masse sait d'avance son gouvernement, parce que tout peuple a le gouvernement qu'appellent les formes spéciales de ses sentiments, de son intelligence, de sa volonté, le gouvernement qu'il désire, qu'il conçoit et qu'il mérite. Reste seulement à introduire, dans cette action combinée des cerveaux moyens, l'action exceptionnelle des cerveaux puissants qui viennent troubler l'évolution générale. Tel prophète de charité, comme Jésus, en provoquant la disparition de l'esclavage, amène une révolution profonde dans tous les États ; tel inventeur, comme Gutenberg, en apportant un perfectionnement décisif dans les pratiques de l'imprimerie, prépare l'avènement d'un système gouvernemental où l'opinion publique sera souveraine ; tel homme de volonté, comme Napoléon, construit de ses mains, pour un siècle et plus, toute la formidable machine administrative qui doit régler l'existence d'un grand pays. — Enfin, après la nature, après l'homme, la société vient à son tour agir sur l'État. La société primitive, tout d'abord, agit sur lui par le seul effet de son volume : est-il besoin de dire qu'un certain volume social est nécessaire pour constituer un État, et que l'organisation de cet État ne peut se compléter qu'à mesure que le volume initial augmente? Elle agit ensuite sur lui par son organisation elle-même : car aux divers types sociaux qui se forment spontanément, par le seul jeu de certains facteurs donnés, des contraintes gouvernementales répondent bientôt, qui instituent et qui imposent un système militaire ou industriel, absolu ou libéral, avec toute une série de règles appropriées; et à cet égard, on peut même remarquer que si la famille, cet élément essentiel de la société, reçoit de l'État certains de ses caractères, elle n'en exerce pas moins elle-même sur l'État une influence encore plus grande : car elle crée certaines formes de gouvernement domestique qui passeront, démesurément agrandies, dans le droit public; elle crée certaines formes de vengeance privée qui passeront, par une généralisation toute naturelle, dans le droit pénal ; elle crée certaines formes de propriété qui passeront, par une consécration non moins logique, dans le droit civil national, en même temps qu'on les verra s'étendre au droit constitutionnel, régir l'héritage des trônes et le partage des empires; et ainsi, les premières coutumes de la famille finiront par devenir les lois fondamentales de l'État. Quant aux produits de la société primitive, leur effet n'est pas moins certain. Ses produits matériels, s'ils sont rudimentaires, feront un peuple pauvre, qui se fiera davantage à ses armes qu'à ses outils, et que les nécessités de la guerre conduiront tout droit au gouvernement despotique; mais si les instruments sont perfectionnés, l'industrie qu'ils auront développée engendrera une classe riche, qui deviendra bientôt une véritable caste et qui, pour garder ses privilèges, constituera un gouvernement aristocratique, à la fois solide et modéré. Même influence des produits spirituels : car si la condition des arts a peu d'action sur la politique, et si la morale ne joue guère un plus grand rôle à ce point de vue, dans les premiers temps, en revanche le trésor des connaissances acquises, représenté surtout par la religion, constitue dans l'État une force considérable; soit que le pouvoir civil et le pouvoir religieux s'unissent pour former une théocratie souveraine, soit qu'ils restent distincts et travaillent seulement de concert, toujours la caste sacerdotale prend auprès des rois le rang auquel elle a droit de par son instruction supérieure et, adjoignant à l'organisation politique une organisation ecclésiastique toute-puissante, confère au gouvernement la force immense d'une tradition fondée sur la volonté des dieux; c'est la guerre, ou c'est l'industrie qui a commencé l'organisation de l'État, et c'est la religion qui, en la fixant, l'achève. Mais lorsque la société, transformée, arrive à cette étendue et à cette complexité prodigieuses où nous la voyons aujourd'hui, elle enveloppe l'État de tant d'influences nouvelles qu'on ne saurait même les énumérer. Son volume énorme rend chaque jour plus ardu, à l'intérieur, le problème d'une juste centralisation, tandis qu'à l'extérieur, par les émigrations et les conquêtes qu'il provoque, il amène des guerres dont le contre-coup cause souvent des révolutions nationales, ou tout au moins fait revenir brusquement un état industriel avancé aux formes arriérées d'un État militaire. Puis, l'organisation sociale, en se compliquant, excite l'activité ambitieuse de l'État, qui augmente et multiplie ses fonctions, prolonge de toutes parts ses tentacules monstrueux, saisit des millions d'individus, les étreint dans toutes les manifestations de leur vie. Enfin, les innombrables produits de cette société transformée interviennent comme un dernier et suprême facteur. Ses produits matériels : car quelle ne sera pas l'influence, sur la constitution même d'un État, des mille questions relatives au logement, au vêtement, à la nourriture du peuple, et partant, de tous les progrès, agricoles, industriels, commerciaux, qui sont le nœud de toutes ces questions vitales! Ses produits spirituels : car si l'action des arts sur la politique n'est guère représentée, même de nos jours, que par celle des œuvres littéraires, en particulier par celle du legs mélangé que l'enseignement moderne a reçu de l'antiquité classique, et si, même de nos jours, l'action de la morale ne s'exerce guère qu'en exigeant des pouvoirs publics une assez grossière honnêteté, en revanche, dans l'ordre de la pensée, la religion continue d'affecter profondément la vie de l'État, par l'aide qu'elle lui apporte ou par les obstacles qu'elle lui suscite, tandis que les applications de la science, en modifiant les conditions de l'existence humaine, le bouleversent sans relâche, et que les théories politiques ou économiques, depuis celles des livres qui fomentèrent la Révolution française jusqu'à celles des journaux qui prêchent la Révolution sociale, contribuent sans cesse à l'ébranler. — Ainsi, comme la famille, l'État dépend de la société, aussi bien que de l'homme et de la nature; au sommet, comme à la base de la puissante hiérarchie où s'étagent toutes nos créations sociales, les mêmes forces opèrent, suivant les mêmes lois d'ensemble; et si nous observions les autres groupes spontanés qui apparaissent aux degrés intermédiaires, une corporation, par exemple, ou une commune, nous y retrouverions les mêmes forces et les mêmes lois, manifestant la solidarité nécessaire qui rapproche, entremêle et unit toutes choses ici-bas.

Mais cette vie sociale si complexe, où tant de rouages travaillent de concert, n'a elle-même pour fin que la vie individuelle des unités qui la composent : l'association est faite pour les associés. Dès lors, pour embrasser une civilisation dans tous ses effets et dans toutes ses causes, il faut analyser aussi cette vie, tant matérielle que spirituelle, des individus, et mesurer les forces dont elle procède. Quels sont donc les caractères que la vie matérielle des individus reçoit de la nature. de l'homme, de la société? Quels sont les caractères qu'en tire leur vie spirituelle?

La vie matérielle, d'abord, dérive évidemment de la nature, et avant tout de la nature primitive. La terre, par son climat, détermine la forme des huttes, l'espèce des vêtements, le genre de nourriture nécessaire, en même temps que l'énergie et la régularité du travail, source de l'industrie; elle entrave ou favorise, par les accidents de sa surface, les communications qui vont donner naissance au commerce; elle offre enfin, dans sa composition intérieure, soit la fertilité qui poussera à l'agriculture, soit les métaux utiles qui exciteront l'industrie, soit les métaux précieux qui développeront le commerce en lui permettant l'usage d'une monnaie pratique; tandis que la flore et la faune, en réglant d'avance la quantité et la qualité de certains travaux, en commandant d'avance certains types de vie économique, en imposant d'avance certains aliments et certaines boissons, n'interviennent pas moins puissamment dans l'existence matérielle de l'individu. Bientôt l'homme asservit la nature à ses fins; mais immédiatement elle réagit sur celui qui l'a transformée, et elle enveloppe sa vie physique de mille conditions nouvelles qui la transforment à son tour. Le climat change peu, à moins que les hommes, en s'entassant dans les villes, ne créent au-dessus d'eux une atmosphère artificielle, qui influe ensuite d'une manière permanente sur des séries de générations; mais telle force brute, comme le vent, domptée et employée comme une force motrice qui fait tourner les moulins et qui surtout devient l'agent de transports utiles, retentit dans plusieurs domaines très importants de l'économie humaine. En revanche, la face de la terre subit une métamorphose prodigieuse : le sol cultivable s'étend de toutes parts; les cours d'eau deviennent eux aussi des modes de transport précieux, en attendant qu'ils livrent leur puissance sous forme d'électricité et se fassent ainsi de merveilleux serviteurs de l'industrie; les voies de communication, depuis les routes et les ponts jusqu'aux chemins de fer et aux tunnels, se multiplient, en même temps que s'ouvrent les grands chemins de la mer; finalement, le commerce peut échanger ses produits, non seulement entre toutes les provinces d'un pays, mais encore entre les extrémités mêmes du monde, et l'ouvrier d'Europe, vêtu de laine d'Océanie, mange du pain fait avec des blés d'Amérique, du riz venu d'Asie, boit du vin et fume du tabac d'Afrique. Enfin, même changement dans les entrailles du sol : la chimie fait des terres fertiles; les métaux, savamment exploités, fournissent la matière de toute la machinerie moderne; le charbon de terre, dont la combustion n'était utilisée d'abord que pour le chauffage, transforme sa chaleur, combinée avec la force expansive de la vapeur d'eau, en une formidable source d'énergie qui se déverse partout, dans les locomotives, dans les machines des fabriques, dans les générateurs d'électricité; qu'on essaie de compter les innombrables effets, directs et indirects, qu'a produits la découverte de la houille, en Angleterre, et on comprendra à quel point une nouvelle richesse tirée de la terre peut agir sur toutes les conditions de vie des individus. En même temps, la flore devient l'objet d'une évolution si profonde qu'on n'y reconnaît plus ses types primitifs : dans les champs, dans les jardins, dans les vergers, dans les vignes, des plantes étranges s'étalent, que les premiers hommes ignoraient; le froment ne ressemble plus à aucune espèce spontanée; des racines grossières ont engendré les légumes les plus délicats, des baies acides sont devenues des fruits délicieux, l'âpre vigne sauvage a donné des raisins exquis; les plantes sont renouvelées, et avec elles, l'alimentation de l'homme. Quant à la faune, si la chasse et la pêche elle-même s'épuisent, les animaux domestiques livrent à l'homme une force musculaire grandissante, pour le labourage ou pour la traction, et l'élevage pétrit peu à peu des races nouvelles, qui mettent à la portée de tous la nourriture animale, avec tous les effets physiologiques qu'elle produit. En somme, ces mille transformations, par où la nature entière est domestiquée par l'homme, se répercutent aussitôt sur lui : d'une manière générale, la vie dure et large des temps passés fait place à une vie à la fois commode et étroite ; et si l'on considère, en particulier, les conditions de vie spéciales de chaque individu, quant à sa nourriture, à son logement, à son vêtement, à sa santé, au genre de travail enfin qui lui procure sa subsistance, on peut constater que tout nouveau changement dans l'ordre des choses physiques, c'est-à-dire, en deux mots, toute modification dans l'équilibre passé de la matière ou de la force, sous toutes les formes secondaires, mortes ou vivantes, qu'elles peuvent revêtir, produit infailliblement une réaction, directe ou éloignée, toujours certaine, sur quelque point précis de son développement matériel. — Ce développement dépend aussi, et en second lieu, des caractères, physiques ou moraux, de l'homme lui-même. Pas n'est besoin d'insister, à ce sujet, sur l'homme primitif. Manifestement, si la nature contient d'avance toute richesse, les bras de l'homme peuvent seuls mettre en valeur ces trésors latents : il faut qu'il emploie sa force pour cultiver, ou pour manufacturer, ou pour transporter les éléments que la nature lui présente et qui, autrement, seraient perdus pour lui. Ce travail manuel est lui-même précédé d'un travail mental, qu'ébauche le désir, que l'intelligence conçoit, que la volonté achève : c'est l'invention, représentée chez l'homme primitif par des essais encore timides, par des tentatives plus ou moins ingénieuses, par des trouvailles où la dextérité joue souvent le plus grand rôle, en attendant les prodigieuses découvertes que rêveront plus tard les cerveaux civilisés. L'homme primitif travaille donc, de corps et d'esprit, et suivant les formes ou les produits de ce double travail, suivant ses efforts et leurs résultats, suivant ses occupations et leurs conséquences pratiques, sa vie matérielle est diversement affectée, en même temps que celle des autres individus. Cette influence de l'activité, physique et morale, sur la vie matérielle de l'être humain, est encore plus sensible chez l'homme transformé par la civilisation. En effet, le cerveau est une merveilleuse machine qui, une fois mise en branle, ne s'arrête plus : après avoir conçu les inventions nécessaires à la satisfaction de ses besoins naturels, l'homme continue de faire des inventions qui ne répondent plus à aucun besoin normal, mais qui, aussitôt acquises, lui créent peu à peu des besoins artificiels; ces besoins se propagent par l'imitation, se fixent par l'habitude d'abord, par l'hérédité ensuite; finalement, l'homme est réellement transformé, dans ses caractères physiques, car les besoins invétérés qu'il s'est donnés à lui-même deviennent comme une seconde nature dont il ne saurait plus s'affranchir. Qu'on suppose un homme d'aujourd'hui jeté dans une cabane que le vent transperce, dépouillé de son linge de corps et de ses chaussures, privé non seulement de tabac et d'alcool, mais de pain et de vin, contraint de ne manger que des racines crues et de ne boire que de l'eau pure, et qu'on s'imagine l'effet immédiat d'un tel régime sur sa santé, sur sa vie : on comprendra alors combien le superflu peut devenir nécessaire, et à quel point il est vrai de dire que l'homme moderne est réellement un homme nouveau, même quant aux conditions physiologiques de son exist[ence]. D'autre part, il est aussi un homme nouveau, en tant qu'homme moral; car, dans ce second domaine encore, il s'est surchargé de besoins artificiels; et ces besoins spirituels acquis, s'ajoutant eux-mêmes à ses inutiles besoins corporels, redoublent le fardeau qu'il porte et qui l'écrase. Pour ne citer qu'un seul de ces besoins acquis, d'ailleurs le plus puissant de tous, n'est-il pas évident que le désir de s'enrichir, qui, à l'origine, avait sans doute pour unique objet d'éviter autant que possible la dure et odieuse loi du travail, a fini par tendre à réaliser, non seulement cet affranchissement légitime, mais en outre, et de plus en plus, la supériorité relative de l'individu entre les autres, la domination sociale que confère toujours, en ce monde, la possession des terres et de l'argent? Et n'est-il pas également certain, en retour, que cette passion des richesses, qui ne s'est si prodigieusement exagérée que parce qu'elle s'était confondue avec les instincts de l'ambition, a eu pour effet d'asservir elle-même l'homme contemporain, de le courber jour et nuit sur des tâches terribles, de l'accabler au point que, rêvant l'indépendance, l'illustration et le pouvoir, il ne s'aperçoit pas qu'il mène une vie d'esclave et que sa liberté a sombré dans son désir? C'est ainsi que l'homme, transformé par ses besoins artificiels, renouvelé dans son corps et dans son âme, se trouve avoir changé par là même les conditions de son existence matérielle, et que sa nature, dictant sa conduite, le tient à chaque minute sous l'empire d'une inflexible direction. Enfin, à cette action des hommes ordinaires, l'action des grands hommes s'ajoute et, de temps en temps, vient appliquer au progrès une formidable poussée, qui bouleverse toutes les conditions de vie des individus. Parfois, l'initiative vient d'un grand charitable; plus souvent, d'un grand homme d'État; mais presque toujours, d'un grand inventeur : car de même que les mille petites inventions du peuple sont le premier stimulant des besoins nouveaux, de même les inventions éclatantes de certains génies sont le coup de foudre qui, mieux que tous les apostolats, mieux que toutes les lois, frappe l'humanité endormie, la remue dans toutes les profondeurs de sa masse et, tout en l'éclairant d'une lumière violente, fait retentir jusqu'en ses parties les plus lointaines les effets pratiques de l'ébranlement initial. Qu'on observe un instant les infinies conséquences qu'a engendrées telle importante découverte, comme celle des propriétés motrices de la vapeur ou de l'électricité, qu'on s'imagine surtout les infinies conséquences qu'engendreront certaines découvertes futures, comme celle de la fabrication chimique des aliments, et on se rendra compte de l'influence prodigieuse qu'une idée savante peut avoir sur l'existence des multitudes, depuis les intérêts les plus généraux jusqu'aux moindres affaires des plus humbles individus. Mais ces individus sont des êtres sociaux, et déjà, pour analyser l'action de la nature ou l'action de l'homme, nous avons dû noter certains résultats qui, tout en étant l'effet direct de ses forces, n'auraient cependant pu se produire sans le concours indirect de la société; reste à signaler l'action directe que cette société elle-même exerce sur la vie matérielle de ses unités. — Un coup d'œil jeté sur la société primitive suffit à convaincre que, par suite de son volume généralement faible, l'individu y est plus ou moins livré à ses seules ressources, et qu'ainsi il se trouve moins secondé, mais aussi plus libre que le membre d'un vaste corps; que, par suite d'une organisation généralement simple, tant au point de vue gouvernemental qu'au point de vue industriel, il est, d'une part, moins protégé dans sa liberté physique et dans sa vie, mais aussi, moins entouré de contraintes, et d'autre part, moins bien servi dans ses intérêts matériels, mais aussi, moins esclave des dures besognes machinales qu'une coopération étendue impose toujours à ses ouvriers; enfin, que par suite de l'indigence relative de ses produits, matériels et spirituels, la société ne lui procure, ni le monstrueux ensemble de bienfaits et de maux qu'étale ou recèle le vaste bazar d'une nation moderne, ni les avantages ou les inconvénients mélangés d'un système moral et religieux plus doux que celui des anciens âges, moins fécond en gros crimes et en sanglants sacrifices, mais aussi moins obéi dans ses prescriptions positives, temps de repos, substances ou boissons défendues, préceptes d'hygiène, et par conséquent, peut-être moins efficace, en somme, quant au bonheur physique des particuliers. Tout au rebours dans la société transformée : par suite de son énorme volume, l'individu n'y apparaît plus que comme un point perdu dans la masse immense, comme une molécule infime d'un petit rouage, qui lui-même obéit à des rouages plus puissants, le tout entraîné dans un roulement formidable où chacun est porté, écrasé parfois, toujours enserré et enfermé sans nulle espérance de pouvoir fuir; par suite de l'organisation compliquée que ce volume lui-même suppose et suscite, l'individu se voit soumis, d'une part, à un système gouvernemental qui lui offre l'appui sérieux de ses lois, de ses magistrats et de ses gendarmes, en même temps que mille autres avantages secondaires plus ou moins précieux, mais qui lui fait payer ces services fort cher et souvent le ruine par trop de sollicitude, tandis que, d'autre part, il se voit pris dans un système industriel étrangement embrouillé, où, par bonheur, chacun travaille pour autrui en travaillant pour lui-même et où tous concourent ainsi au progrès commun, mais où aussi, par contre, et par malheur, d'inextricables liens s'enlacent sans trêve autour des plus faibles et deviennent le filet où les prennent les plus forts; enfin, cette société livre à l'individu un prodigieux amas de produits nouveaux, tantôt bienfaisants, tantôt funestes : produits matériels comme ces maisons qui sont des palais ou comme ces aliments délicats que peut acheter partout le plus pauvre homme, mais aussi comme les logements insalubres dont un sauvage s'étonnerait ou comme les denrées qui sont des mixtures immondes et comme les liqueurs qui sont des poisons; produits spirituels comme ces utiles inventions qui sont presque toujours l'œuvre continuée de plusieurs penseurs, comme ces arts qui poussent au travail en faisant aimer la vie, comme ces coutumes morales qui peu à peu rendent plus harmonieuse l'existence pratique de tous et de chacun, mais aussi comme les inventions maudites que fait découvrir l'esprit de haine et de guerre, et qui mettent en faillite les budgets publics, comme les incroyables déguisements qui représentent la parure moderne, et qui mettent en faillite les budgets domestiques, ou comme les mœurs de pirates que d'habiles voleurs introduisent dans les grandes affaires, et qui mettent en faillite tant de budgets particuliers. Malgré tout, cette évolution sociale est heureuse dans ses résultats généraux : plus elle avance, plus la vie matérielle de l'individu devient parfaite; la société achève l'œuvre de la nature, soutient les efforts de l'homme; si elle impose à l'homme des liens artificiels, c'est pour le dégager du joug plus pesant dont l'opprimait la nature elle-même, et si elle paraît le charger d'entraves, c'est pour l'entraîner d'une marche plus invincible à son affranchissement.

Sur cette vie matérielle, une vie spirituelle se développe, qui d'ailleurs est toujours unie à la vie matérielle elle-même par les rapports les plus intimes, et qu'il convient d'examiner à son tour. Dans ce vague royaume de l'esprit, on peut distinguer plusieurs grandes provinces : la connaissance, exprimée d'abord par le langage, puis par l'écriture, et qui bientôt diverge en deux lignes principales, celle de la religion et celle de la science ; l'art, sous toutes ses formes, y compris la forme littéraire ; la morale enfin. Parcourons un instant ces domaines divers, pour y noter l'action des trois forces qui, comme partout, s'y exercent. — Et d'abord, quelle est leur influence respective dans l'ordre des connaissances ? L'influence de la nature, en premier lieu, apparaît de la façon la plus manifeste ; mais il faut remarquer qu'ici son importance réside presque uniquement dans le climat. En effet, si l'on examine un à un les autres éléments qui la composent, on peut bien observer que, dans la nature primitive, les accidents du sol, comme la mer et les montagnes, ont tantôt éveillé très vite, tantôt arrêté très longtemps le progrès des connaissances, en facilitant ou en empêchant les rapports humains ; que la composition de ce sol, stérile ou fertile, pauvre ou fécond en bons matériaux, a eu des résultats analogues, en établissant peu à peu, avec la richesse agricole ou métallurgique, les occupations, les loisirs, l'ingéniosité des habitants ; que la faune, imposant les cris des animaux à l'imitation de l'homme, lui a fourni un des premiers procédés de son langage ; que la flore et la faune lui ont ensemble donné la plus ancienne forme de son écriture, inaugurée aussi par une imitation instinctive des divers objets extérieurs ; et on pourrait constater également que, dans la nature transformée, ces influences n'ont pas disparu ; que le progrès des communications à la surface de la terre a de plus en plus favorisé, autant que les échanges commerciaux, les échanges d'idées ; que le fonds de cette terre n'a pas cessé d'agir, et cela autant par ce qu'il refuse que par ce qu'il accorde, puisque l'épuisement du sol suffit à faire naître les inventions de la chimie agricole, et puisque la seule rareté persistante de l'or a été la cause unique de l'alchimie, mère de toute la chimie moderne ; enfin, que la flore cultivée, la faune domestiquée continuent d'avoir sur l'esprit humain une influence indirecte, mais certaine, puisque les diverses espèces de nourriture qu'elles procurent à l'individu déterminent, en grande partie, par sa vie physique, sa vie morale et ses caractères intellectuels. Mais toutes ces contributions que la nature apporte à l'esprit humain, soit d'une manière détournée, soit au moins d'une manière assez passive, ne sont rien auprès de l'influence, directe et active, du climat. Car, sans parler même de certains effets secondaires qu'on peut lui attribuer, par exemple au point de vue de l'imitation linguistique des bruits de la nature mouvante, c'est lui qui provoque ou endort l'intelligence ; qui fixe les modes de penser élémentaires, si variables suivant les pays ; qui, par son déroulement de phénomènes surhumains, excite l'effroi ou l'admiration des premiers peuples, leur fait adorer tantôt le soleil, s'il est bienfaisant, et tantôt, s'il est malfaisant, la lune, bref décide de quelques-unes des idées religieuses les plus importantes de l'humanité ; qui plus tard, lorsque les antiques terreurs ont cédé à la recherche des causes, donne aux philosophies nationales leur couleur, et suscite, par exemple, la philosophie panthéiste de l'Inde ou la philosophie rationaliste des Grecs ; en un mot, qui, par son poids écrasant ou par son charme léger, modèle les âmes aussi bien que les corps et commande les tendances spirituelles des races, donc aussi, en définitive, la vie mentale profonde des individus. — Cependant, il est clair que, si la nature peut beaucoup sur l'homme, l'homme peut encore davantage sur lui-même, et que ce sont surtout ses caractères, physiques et moraux, qui engendrent ses connaissances. Ses caractères physiques : car, chez l'homme primitif, ce sont les besoins matériels qui font surgir les premières inventions, source de tant de sciences, ce sont les maladies qui poussent peut-être le plus aux premières pratiques de magie, source de tant de religions, tandis que l'énergie ou l'indolence corporelles, jointes à certaines dispositions des organes vocaux, contribuent pour beaucoup à fixer les langues originales qui vont contenir ce trésor d'idées ; et d'un autre côté, qui niera que les nouveaux besoins physiques de l'homme transformé ne demeurent le principal stimulant de sa science ? Viennent ensuite les caractères moraux : car dans l'âme humaine, tout se tient, et l'intelligence n'est jamais pure ; chez l'homme primitif, des sentiments variés, parmi lesquels surtout celui de la peur, donnent naissance à des conceptions religieuses d'ordre intellectuel, et d'autres sentiments, parmi lesquels surtout le désir de domination, incitent à la conquête des redoutables secrets que peut seul posséder l'homme de science ; tandis que, plus tard, de nouvelles passions viennent se refléter dans les systèmes religieux, que domine toujours un Dieu fait à l'image de ses audacieux fidèles, et que de nouvelles passions encore, au premier rang desquelles se dresse une noble curiosité inconnue de l'ère primitive, viennent soulever et soutenir les adorateurs de la vérité. Quant à l'influence des grands hommes, en cette matière, pas n'est besoin d'y insister : le seul nom d'un Aristote serait une preuve suffisante de la prodigieuse maîtrise que peut exercer, à travers les siècles, le génie d'un penseur. — Reste alors l'action de la société, qui n'est guère moins importante que l'initiative des hommes eux-mêmes pour le perfectionnement de leurs connaissances. Action de la société primitive : car, de l'organisation générale de cette société, dépendent les premières formes du corps ecclésiastique qui, détenant à l'origine toutes les lumières, prend soin de bien garder et d'augmenter sans cesse ce trésor précieux, cause légitime de sa puissance ; tandis que les médiocres produits de cette société, produits matériels comme cet outillage rudimentaire que perpétue indéfiniment la tradition et qui fait les inventions lentes et rares, produits spirituels comme ce vocabulaire restreint et cette écriture grossière qui répondent au dénûment de l'esprit, concourent à maintenir longtemps l'ignorance des masses. Action de la société transformée : car, de l'organisation guerrière ou pacifique, absolue ou libérale de l'État, dépendent toutes les formes ultérieures du corps ecclésiastique, qui, au point de vue religieux, modèle d'instinct sa doctrine du gouvernement céleste sur le système actuel du gouvernement terrestre, imposant ainsi aux hommes une conception de l'au-delà directrice de leur vie mentale, et qui, au point de vue scientifique, tantôt exerce une influence positive en conservant le legs du passé, tantôt exerce une influence négative en persécutant de bonne foi les penseurs libres, en attendant qu'un corps de savants laïques, plus ou moins protégé à son tour par l'État, prenne en mains peu à peu l'empire des intelligences ; tandis que, par surcroît, cette société transformée fait intervenir ses produits innombrables, produits matériels comme cet outillage compliqué qui exige sans relâche des découvertes nouvelles ou comme ces armements stupides qui n'en contribuent pas moins eux aussi au progrès de nos connaissances, produits spirituels comme ce vocabulaire immense et précis qui est indispensable à tout philosophe, comme ces vastes dépôts de livres qui sont nécessaires à tout savant, comme ces bureaux de statistique qui seuls permettront les difficiles travaux du sociologue, comme ces grandes universités qui deviendront les cathédrales de la science et dont les laboratoires seront les mystérieux tabernacles où se révélera de plus en plus l'Éternel ; et tandis que, d'autre part, à côté de cette transformation intérieure de la vie sociale, sa transformation par les rapports extérieurs, après avoir introduit partout autrefois de nouvelles langues, de nouvelles écritures, de nouveaux manuscrits, de nouveaux livres, fera de chaque pays, de chaque ville, de chaque homme, une sorte d'observatoire central, en communication avec l'ensemble du monde, un microcosme où les idées accourues de tous les points de l'univers viendront converger et retentir.

Mêmes effets dans les arts, en vertu des mêmes causes. Ici encore, la nature exerce son ascendant, en particulier par l'influence du climat. Non que ses autres éléments soient à négliger : car, dans la nature primitive, les aspects de la surface, pittoresques ou insignifiants, grandioses ou charmants, riants ou tristes, donnent dès le début aux arts, à la peinture notamment, certains caractères indélébiles ; et en même temps, sans parler du rôle secondaire de la faune, qui cependant n'est pas sans importance, par exemple lorsqu'elle fournit l'ivoire à l'art du sculpteur, on ne saurait méconnaître le rôle capital du fonds et de la flore, suivant qu'ils livrent de préférence, à l'architecture, la pierre ou le bois, et à la sculpture, le bois ou le marbre ; tandis que, dans la nature transformée, la surface cultivée agit sur les imaginations tout autrement que la nature vierge, et que le fonds et la flore eux-mêmes révèlent peu à peu de précieuses ressources, comme les diverses couleurs minérales et végétales, plus ou moins solides ou éclatantes, dont la découverte successive donne à la peinture de nouveaux essors. Mais c'est du climat que dépendent surtout les formes de l'art : car sans s'arrêter à la variété particulière des dispositions utiles, et par suite des apparences esthétiques, que l'espèce ou le degré des intempéries imposent à l'architecture des divers pays, il n'est pas douteux que, d'une manière générale, le climat agit puissamment sur le moral de l'homme, qu'il détermine par là le ton dominant de tous les arts, y compris celui de l'art littéraire, et que, par exemple, la splendeur écrasante des cieux brûlants, la sombre mélancolie des cieux du nord ou la fine lumière des cieux tempérés ont directement commandé les productions esthétiques de l'Inde, de la Scandinavie, de la Grèce. L'art, pour être compris, doit donc être étudié dans ses rapports avec sa contrée natale; mais il faut le considérer aussi dans ses rapports avec les caractères de l'homme, son créateur. — En effet, l'homme primitif, par ses caractères physiques, élabore le type de la race, qui, pendant des siècles, et en vertu de ses seules dispositions corporelles, sera plus ou moins artiste et plus ou moins inclinée à certaines formes de l'art; par ses caractères moraux, qui eux-mêmes dérivent de ces caractères physiques, il donne une certaine direction au grand courant de l'âme nationale, une certaine couleur aux modes géneraux de penser et de sentir qui vont engendrer, pendant des siècles encore, certains modes d'expression esthétique; et en attendant cet effet lointain, de beaucoup le plus important, le génie primitif s'incarne déjà dans les premiers essais, idoles et parures, qui réalisent ses propres idées, ses propres passions. D'autre part, chez l'homme transformé, les caractères physiques anciens se compliquent de caractères physiques nouveaux qui peu à peu les modifient, affaiblissant les uns, développant les autres, et toujours agissant sur l'art : les Grecs, aux beaux corps nus, assouplis par la gymnastique, pratiquaient l'art de la danse mieux que nous, et leurs sculpteurs, ayant toujours sous les yeux de parfaits modèles en mouvement, faisaient de meilleures statues que les nôtres; mais notre oreille, douée d'une éducation physiologique toute spéciale, nous permet de goûter des symphonies raffinées auxquelles les Grecs n'auraient certainement rien compris; et c'est pourquoi, tandis que les origines de la danse grecque se perdent dans l'antiquité, tandis que les œuvres d'un Phidias datent de plus de deux mille ans, les œuvres d'un Bach ne sont pas vieilles de deux siècles. Mais les transformations morales de l'homme sont encore plus remarquables, au point de vue de leur influence sur l'art : les variations du sentiment de la nature déterminent le genre de peinture pour les paysages, l'esprit de la littérature depuis l'églogue primitive jusqu'à la poésie lyrique des contemporains ; les variations du sentiment religieux déterminent l'architecture sacrée, depuis les temples anciens jusqu'aux basiliques du moyen âge et depuis les pyramides égyptiennes jusqu'aux tombeaux chrétiens, la sculpture et la peinture sacrées, depuis les effigies et les images sereines d'un artiste grec jusqu'aux statues surhumaines et aux fresques farouches d'un Michel-Ange, la musique religieuse depuis les hymnes antiques jusqu'aux plaintes d'un Palestrina, la littérature depuis les naïves divinités d'un Homère jusqu'à la théologie grandiose d'un Dante ; les variations des sentiments humains déterminent l'architecture des édifices civils, publics et privés, depuis les monuments et les demeures antiques jusqu'à nos châteaux et à nos palais, la sculpture depuis les statues des héros anciens jusqu'à celles des Français notables, la peinture d'histoire de tous les âges, la musique profane sous toutes ses formes, la littérature lyrique, dramatique, épique ; et comme les mille nuances que peuvent prendre ces sentiments dépendent surtout de certaines conceptions régnantes, il s'ensuit que les variations de l'intelligence n'ont pas moins d'action sur le travail des artistes ; tandis que les sentiments habituels du public, à commencer par la vanité, déterminent eux-mêmes mille formes d'art secondaires d'où la beauté n'est pas toujours absente, depuis le style d'un ameublement jusqu'à la ciselure d'un bijou. Inutile d'insister enfin sur l'influence artistique des grands hommes : il faudrait pouvoir compter les disciples d'un Phidias ou d'un Raphaël, d'un Bach ou d'un Shakespeare. — Mais la société, à son tour, apporte à l'art des éléments que n'eussent pu lui fournir les efforts isolés de l'homme. La société primitive, par son organisation trop simple, où s'ébauche à peine une division élémentaire du travail, est peu favorable au développement esthétique ; et cet état de choses se trouve aggravé encore par l'insuffisance de ses produits : car ses outils grossiers retardent les arts plastiques, l'absence d'une langue fixée arrête l'art littéraire, le défaut d'instruments assez riches et l'ignorance d'une notation écrite empêchent tout progrès de l'art musical. Au contraire, la société transformée vient en aide à l'art de mille manières. Par son organisation, d'abord, et d'autant mieux que le système gouvernemental domine plus puissamment la classe laborieuse : sans un régime très oppressif, on n'aurait pu ériger les pyramides, ces colossales constructions aussi monstrueuses par l'exploitation qu'elles révèlent que par l'énorme masse qu'elles offrent aux regards ; sans un régime très centralisé, on n'aurait pas vu les arts qui s'épanouirent à la cour de Louis XIV ; et il est bien probable que, sous un régime pleinement démocratique, où tout contribuable donnerait son avis direct sur tous les points du budget, il n'y aurait plus ni grandes bibliothèques littéraires, ni musées de peinture, ni écoles des beaux-arts, ni conservatoires de musique, ni théâtres subventionnés par l'État. D'un autre côté, la société transformée prête aux arts l'assistance précieuse, et plus légitime, de ses produits : produits matériels, comme les machines nécessaires au progrès de l'architecture, comme les outils nécessaires au progrès de la sculpture, comme les substances chimiques, couleurs, enduits, vernis, siccatifs, nécessaires au progrès de la peinture, comme les instruments perfectionnés nécessaires au progrès de la musique, comme les procédés d'imprimerie si utiles au progrès des lettres, sans compter l'accroissement général des richesses, qui, en développant le luxe de l'élite, élargit sans cesse les débouchés naturels de l'art ; produits spirituels enfin, comme les connaissances exactes, géométrie, physique, optique, acoustique, dont l'architecture a besoin, comme les connaissances anatomiques qu'exige la sculpture, comme les calculs de perspective qui contribuent à la peinture, comme les combinaisons scientifiques que l'harmonie livre à la musique, comme la langue opulente et nette dont la littérature va se servir, sans compter l'amoncellement prodigieux de sentiments complexes et d'idées nouvelles qui est le fond immense, attendant sa forme, le trésor commun où puiseront tous les arts. La vie esthétique de l'individu, comme sa vie intellectuelle, dépend donc, non seulement des influences naturelles combinées à l'énergie humaine, mais encore de la société tout entière, et qu'il s'agisse du plus grand artiste ou du plus humble amateur, l'unité personnelle n'échappe jamais à ce vaste ensemble qui l'inspire et qui la soutient.

Il en est de même, enfin, pour la vie morale. Tout d'abord, elle dépend aussi de la nature, et principalement du climat. Sans doute, ici encore, les autres éléments ont leur importance : dans la nature primitive, les accidents de la surface ne sont pas sans effets, puisque, par exemple, la morale du montagnard n'est pas celle de l'homme des plaines ; le fonds agit par sa fertilité et par sa richesse relatives, qui régissent la morale d'une manière indirecte en provoquant certains états de la civilisation ; la flore et la faune enfin influent diversement sur l'homme, physique et moral, suivant les travaux quotidiens où elles l'entraînent et surtout suivant la nourriture, aliments et boissons, qu'elles lui fournissent ; tandis que, d'autre part, dans la nature transformée, la surface cultivée, riante, divisée en propriétés privées et sillonnée de voies de communication, conseille ou impose de mille façons une morale plus régulière et plus douce ; que le fonds continue d'agir avec une remarquable puissance, ne serait-ce que par toutes les suites morales de l'extraction des métaux précieux ; et que la flore, enfin, exerce un empire d'autant plus grand qu'elle a été plus asservie, et qu'après avoir donné à l'homme de simples boissons enivrantes, comme la bière ou le vin, elle est maintenant contrainte de lui livrer des liqueurs toxiques, comme l'absinthe, comme l'alcool surtout, cause de tant de crimes et de suicides, ou des narcotiques qui, comme l'opium, arrivent à abrutir des populations entières. Mais en somme, c'est surtout le climat qui fait la morale : vérité depuis si longtemps reconnue qu'il n'est plus besoin de la démontrer ; qu'on examine les diverses passions humaines, en parcourant les diverses zones du globe, et on s'en convaincra sur-le-champ. — C'est que le climat, à son tour, modèle l'homme lui-même, corps et âme. Considérez un instant les diverses races, dans leurs caractères physiques primitifs : vous y observerez, diversement distribuées aussi, toutes les formes d'excès que peuvent engendrer, soit le penchant à l'ivresse et à la gloutonnerie, soit le penchant aux plaisirs de l'amour, c'est-à-dire les résultats variés des deux passions cardinales qu'instituent, d'une part, l'instinct de conservation personnelle, d'autre part l'instinct de conservation de l'espèce, et qui, à peine issues du besoin de boire et de manger ou de l'appétit sexuel, s'épanouissent aussitôt en une monstrueuse floraison de passions secondaires ; et si vous considérez ensuite ces mêmes races dans leurs caractères physiques transformés, vous y observerez, greffées sur ces deux branches maîtresses et sur leurs rameaux, une multitude d'autres passions qui, comme les premières, dérivent des instincts corporels de l'homme, mais qui de plus en plus, et à la différence des premières, répondent à des besoins artificiels jadis ignorés, que l'habitude et l'héridité ont seules pu rendre nécessaires. A ces passions d'ordre surtout matériel, que les dispositions du corps imposent à l'âme, d'autres passions s'ajoutent, qui au contraire, et en dépit de tous les rapports cachés qu'elles peuvent avoir avec les précédentes, sont plutôt d'ordre spirituel : car si la soif de l'or, par exemple, peut être rattachée au désir de satisfaire les besoins physiques les plus variés, elle provient en même temps et surtout du désir de domination, qui est un besoin intellectuel, et par conséquent elle ne saurait être confondue avec une passion purement sensuelle, comme la gourmandise ; la morale dépend donc, non seulement des retentissements du corps sur l'esprit, mais aussi des élans spontanés de l'esprit lui-même, et après l'influence indirecte des caractères de l'homme physique, il faut étudier l'influence directe des caractères de l'homme spirituel. Chez l'homme primitif, d'abord : car c'est de ses facultés rudimentaires, de son intelligence bornée, de sa volonté enfantine, que dérivent les sentiments principaux dans lesquels s'incarnera la morale d'une race ; ce sont des inclinations très simples, comme le ressentiment, l'esprit de vengeance, la jalousie, la vanité, le désir de la supériorité sur autrui, le besoin d'approbation, ou comme l'amour maternel, l'amour paternel, l'amour filial, la reconnaissance, le dévouement, l'amitié, qui en se combinant font un certain mélange, plus ou moins riche en affections bienveillantes ou en instincts malveillants, dominé suivant les pays par telle ou telle de ces affections, par tels ou tels de ces instincts, et résumant le code moral du peuple ; or, ce code primitif sera longtemps en vigueur, et toutes les modifications ultérieures qu'on tentera d'y apporter n'en changeront jamais les dispositions essentielles. Ces dispositions vont se retrouver chez l'homme transformé, mais avec l'adjonction d'une foule d'articles nouveaux : car, grâce à son intelligence élargie, l'homme en vient à peser les conséquences de ses actes, à voir les inconvénients lointains des avantages immédiats, à s'abstenir par suite de faire le mal quand des motifs d'utilité s'y opposent, et à se donner ainsi des vertus ignorées autrefois, comme par exemple l'honnêteté commerciale, en même temps qu'il acquiert, par de pareilles considérations, bien d'autres qualités précieuses, comme par exemple le sentiment de la pitié devant le malheur, qu'il éprouve en se représentant d'avance ce qu'il souffrirait s'il se trouvait un jour dans une situation analogue ; en outre, grâce à sa volonté réfléchie, il arrive à mieux régler sa conduite, à s'imposer de patients devoirs, à persévérer, à épargner, en même temps, d'ailleurs, que cette volonté plus ferme peut l'amener à épargner jusqu'à l'avarice, à persévérer dans un ressentiment qui se change en une haine à long terme, ou à soutenir ce qu'il croit être ses droits avec une obstination qui lui fait oublier ses devoirs ; au demeurant, ces métamorphoses des sentiments primitifs se compliquent elles-mêmes de passions factices, qui ont presque toujours leur source dans l'opinion, cette force toute-puissante sur les esprits faibles, et qui introduisent de véritables modes dans les mœurs. Enfin, à cette évolution générale des sentiments qui règle la vie morale des hommes ordinaires, les grands hommes apportent leur contingent : Jésus révèle à l'Occident une charité qui embrasse l'humanité tout entière, et le Bouddha prêche à l'Orient une charité étendue à tous les êtres vivants : qui pourrait mesurer les effets moraux de ces deux magnifiques doctrines, qui ont enchanté ou consolé tant de millions d'âmes à travers les générations ? — Mais dans cette vaste circulation d'idées morales qui se fait entre les individus, la société, elle aussi, a un rôle, et sans contredit, sans son influence, la morale ne serait pas ce qu'elle est, en bien ni en mal. En effet, d'une part, la société primitive agit sur la morale par son organisation et par ses produits. Par son organisation : car, outre que l'instinct d'imitation, aussi fort chez l'homme que chez le singe, communique sans cesse à l'individu les vertus ou les vices régnants, l'organisation de la famille règle d'une certaine manière ses passions sensuelles ou affectives ; l'organisation de l'État, plus ou moins despotique ou libérale, détermine chez lui tantôt l'esprit de servilité et de mensonge, tantôt l'esprit d'indépendance et de vérité, et dans tous les cas, par suite de la faiblesse habituelle du gouvernement, ne lui interdit presque jamais la vengeance privée ; l'organisation religieuse, qui alors est beaucoup plus souvent en conflit qu'en harmonie avec la morale, ne le préserve d'aucune tentation ; l'organisation industrielle enfin, où l'absence de complexité des travaux empêche la solidarité de s'établir, ne contrarie nullement ses instincts égoïstes ; et à tous ces effets de son organisation générale, la société primitive ajoute l'action de ses produits : car c'est le plus souvent de l'indigence relative de ses produits matériels, aussi bien que de leur variété et de leurs formes diverses, que dépendent les contestations d'intérêts, avec les meurtres et les vols qui en sont la suite, tandis que la pauvreté de ses produits spirituels maintient l'ignorance, mère de tous les crimes. D'autre part, la société transformée, en changeant les hommes de milieu, modifie pareillement leur morale. Par son organisation, d'abord : car, outre que l'instinct d'imitation subsiste toujours, avec ses conséquences ordinaires, l'organisation nouvelle de la famille entraîne une nouvelle morale domestique ; l'organisation de l'État, où chaque régime politique se justifie plus ou moins par une morale particulière, n'impose pas seulement à l'individu des contraintes légales, et par exemple, après les temps où, comme dit Pascal, « le larcin, l'inceste, le meurtre des enfants et des pères, tout avait sa place entre les actions vertueuses », elle ne se contente pas d'instituer une morale positive qui punit le parricide, empêche le mariage entre proches parents et châtie le vol, mais encore et par surcroît, suivant le système général, militaire ou industriel, qu'elle implique, elle modèle peu à peu la morale de tous selon deux grands types, l'un plus favorable à la violence, aux meurtres et aux pillages, l'autre plus favorable à la douceur, à la sympathie, à l'honnêteté, parce qu'au moins ce dernier, s'il ne pousse pas toujours les hommes à une morale très élevée, ne les encourage plus aux crimes privés dont le premier leur donne chaque jour l'exemple par la pratique des crimes internationaux ; quant à l'organisation religieuse, après être restée longtemps indifférente ou contraire aux idées morales, que les philosophes seuls tentaient d'opposer à l'immoralité des anciens dieux, elle devient tout à coup, avec le bouddhisme, avec le christianisme, le plus ferme appui de ces mêmes idées, et en ajoutant à la peur des freins publics la crainte des peines d'une autre vie, les églises se font d'écoles de vertu admirablement efficaces, en attendant le jour où, de nouveau, une séparation s'établira entre ces deux domaines et où de nombreux groupes d'hommes, aidés par une habitude et une hérédité séculaires, obéiront aux lois morales par les seuls instincts d'une saine raison ; et tandis que ces transformations des grands organes sociaux modifient ainsi la nature intime des unités qui les composent, les produits que ces organes élaborent viennent concourir, en bien ou en mal, au même effet : produits matériels, comme les vastes agglomérations urbaines ou comme la machinerie moderne, produits spirituels, comme le théâtre ou comme les livres et les journaux. Finalement, la vie morale de l'individu, comme sa vie esthétique, comme sa vie intellectuelle, dépend autant du milieu social où il grandit que de son milieu naturel et du petit milieu intime où se démènent ses pensées ; sa pauvre liberté est entourée d'un triple cercle de fatalités nécessaires, puisqu'il ne rêve le bien qu'avec le cerveau diversement conformé qui est l'instrument de ses facultés et avec toutes les idées que les hasards de l'éducation ont imposées à son intelligence, puisque la nature à son tour domine de mille manières ce cerveau, et puisque la société elle-même l'enveloppe de ses multiples contraintes ; son âme est donc comme une cloche que font vibrer toutes les ondulations extérieures, et sa morale est, avant tout, un écho. — Ainsi, la civilisation tout entière dérive de la nature, de l'homme, de la société, dont les combinaisons créent tous ses caractères : toute la vie, matérielle et morale, de l'individu résulte de cette action commune, aussi bien que la vie des corps sociaux eux-mêmes, et suivant les variations de ces forces, tous les phénomènes humains sont transformés.

VII

De cette connexion entre les forces et les phénomènes, il résulte que l'histoire a des lois. Lorsque des causes connues produisent des effets connus, on ne saurait nier l'existence d'un principe certain qui relie les effets aux causes. Nous connaissons les causes, nous connaissons les effets : reste à chercher les lois, et à les découvrir, s'il se peut. Or, nous allons voir que cette entreprise, pour être difficile, n'est pas impossible, et que la science de l'histoire, comme toute autre science, a le droit d'espérer des résultats positifs.

La difficulté de saisir des lois dans l'histoire est évidente pour tout le monde. Au premier regard qu'on jette sur le prodigieux chaos des faits passés, on n'aperçoit que confusion et désordre, et il semble qu'on ne pourra jamais rien y démêler. Mais si tout le monde est d'accord sur l'existence de cette difficulté, tout le monde ne l'attribue pas à la même cause ; or précisément, c'est là qu'est tout le nœud du problème, puisque, suivant les opinions qu'on peut avoir sur ce point, la possibilité même de trouver des lois historiques devra être niée ou reconnue. Il importe donc de savoir d'abord quelle est la vraie raison de l'embarras qu'on éprouve lorsqu'on essaie de ramener l'histoire à des lois. — Cette raison, serait-ce le hasard, comme nombre de gens paraissent le croire ? Non : car le hasard n'est qu'un mot. L'issue d'un coup de dés n'est que le résultat nécessaire d'un certain nombre de mouvements combinés, et si nous pouvions mesurer tous ces mouvements, nous en pourrions prédire l'effet avec certitude. Pour un joueur doué d'une intelligence parfaite des causes, le calcul des probabilités n'aurait plus d'objet. L'homme qui, d'un seul regard, embrasserait toutes les forces et tous les êtres de la nature, pourrait y contempler d'un coup d'œil le passé, le présent et l'avenir, dans tous leurs détails, avec toutes leurs liaisons secrètes ; il n'y a qu'une seule chose que son œil perçant y chercherait en vain : le hasard. « Ne parlons donc plus de hasard ni de fortune, ou parlons-en seulement comme d'un nom dont nous couvrons notre ignorance. Ce qui est hasard, à l'égard de nos conseils incertains, est un dessein concerté dans un conseil plus haut, c'est-à-dire dans ce conseil éternel qui renferme toutes les causes et tous les effets dans un même ordre. De cette sorte, tout concourt à la même fin ; et c'est faute d'entendre le tout, que nous trouvons du hasard ou de l'irrégularité dans les rencontres particulières[1]. » Mais si ce n'est pas sur le hasard, c'est-à-dire sur une absurde entité, que repose la difficulté de l'histoire, ne serait-ce pas sur l'arbitraire même de ces conseils mystérieux que Bossuet attribue à sa Providence, sur les divins caprices de ce Seigneur souverain « qui donne et qui retire la puissance ; qui la transporte d'un homme à un autre, d'une maison à une autre, d'un peuple à un autre, pour montrer qu'ils ne l'ont tous que par emprunt, et qu'il est le seul en qui elle réside naturellement[2] ? » Non encore : car plus nous étudions l'univers, moins nous y découvrons les traces d'un tel arbitraire ; à mesure que les sciences, refoulant la nuit, éclairent au loin les masses obscures des phénomènes, elles y font éclater la splendeur de l'ordre ; et il est logique de penser que, lorsque nous aurons pénétré le monde humain comme le monde des êtres vivants, comme le monde de la matière brute, nous pourrons y admirer chaque jour davantage l'application des grandes lois générales, universelles, absolues qui sont les seuls desseins dignes de notre Dieu. Alors, que reste-t-il pour expliquer la difficulté de l'histoire ? A défaut d'une fantaisie surhumaine, peut-on se rabattre enfin sur la fantaisie humaine et tout réduire aux jeux de la liberté ? Cette dernière hypothèse peut sembler plus vraie que les précédentes ; mais il n'en est rien. En effet, remarquons d'abord que, dans le for intime d'un individu, la liberté est limitée par de nombreuses influences : par la complexion physique, qui agit sur la structure et sur le fonctionnement du cerveau ; par les passions, qui le plus souvent dirigent la volonté malgré elle, et dont on peut presque toujours prévoir les effets ; par l'intelligence même qui,

[1] *Discours sur l'histoire universelle*, IIIe partie.

[2] *Id., ibid.*

tout en étant, selon le mot profond de Leibniz, « l'âme de la liberté », et en permettant à l'homme de se décider sur les motifs les plus rationnels, les plus spontanés, les plus personnels à son esprit, n'échappe cependant pas à tout calcul de la science, puisque par exemple, lorsqu'un acheteur et un vendeur concluent un libre contrat dans certaines conditions données, on peut prédire le juste prix dont ils conviendront. « Nos actions sont en relation nécessaire avec leurs antécédents, c'est-à-dire avec leurs motifs et leurs mobiles ; celui donc qui connaîtrait tous nos motifs et tous nos mobiles, toutes nos idées et toutes nos passions, pourrait calculer notre conduite future avec autant de certitude qu'une éclipse de soleil ou de lune. » Qui dit cela ? C'est Kant, le grand défenseur de la liberté[1]. Remarquons ensuite que, s'il en est ainsi, c'est surtout parce que l'homme isolé n'existe pas dans la réalité des choses, mais seulement l'homme en société ; d'où un nouvel apport d'influences nécessaires : car notre individu, fils d'une race dont il tient ses caractères physiques, englobé dans un groupe social qui détermine ses conditions de vie matérielle, respirant enfin une atmosphère intellectuelle et morale qui donne le ton à toute sa vie spirituelle, se trouve entouré d'un tel cercle de pressions extérieures que ses facultés intimes elles-mêmes, dans la plupart des cas, n'opèrent que par ordre ; et ainsi, plongé dans ce groupe social qui appuie sur lui de toutes parts, à chaque minute, qui lui fournit tout, depuis son sang et son pain jusqu'à ses sentiments et à ses idées, qui inspire les mobiles et les motifs qu'il croit siens, il se voit sans cesse obligé d'agir d'une certaine manière, bien qu'il se détermine librement, dans son for intime, à agir de la sorte, en choisissant ce qui lui paraît le meilleur. Kant l'avoue encore : « De quelque façon, dit-il[2], qu'on veuille se représenter le libre arbitre en métaphysique, ses manifestations dans les actions humaines sont déterminées, comme tout autre phénomène, par les lois générales de la nature. Les naissances, les mariages et les morts paraissent n'être soumis à aucune

[1] *Critique de la raison pure*, II, 249.

[2] *Idée d'une histoire universelle.*

règle qui permette d'en calculer le nombre à l'avance ; et pourtant les tables annuelles dressées en de grands pays témoignent que ces faits obéissent à des lois constantes, aussi bien que les variations de l'atmosphère, la croissance des plantes, le cours des fleuves et tout le reste de l'économie naturelle. » La volonté libre de l'homme est donc bornée par ses autres facultés, qui elles-mêmes sont bornées par le domaine social, fondé à son tour sur la nature ; mille influences fatales enveloppent et enserrent le pauvre jugement humain ; et même lorsqu'il se décide dans l'indépendance d'une froide raison, il ne peut s'empêcher de mettre en balance les motifs pratiques, le plus souvent inévitables, que lui imposent les conditions mêmes de sa vie : il n'a guère qu'à choisir entre diverses fatalités, dont l'une est presque toujours plus impérieuse que les autres. Cela étant, le véritable objet de l'histoire doit être d'étudier, non les individus, mais les groupes dont ils font partie, puisque précisément ces groupes indiquent le thème inflexible dont nulle variation ne peut beaucoup s'écarter. Tout en reconnaissant que l'homme possède, au fond de son âme, une certaine liberté que sa conscience lui atteste, on doit reconnaître aussi que, dans le fonctionnement des grands rouages sociaux, cette liberté se trouve réduite à une quantité infinitésimale, entièrement négligeable, à un vague poudroiement de caprices légers qui tourbillonnent autour de la machine sans en changer le monstrueux roulement. L'homme s'agite, mais des lois le mènent ; et pratiquement, la liberté d'un chacun est une force perdue, insaisissable dans l'histoire générale d'une société. C'est ce qu'avait bien vu le mathématicien Quételet, lorsqu'après ses patientes recherches de « physique sociale », il arriva à poser ce principe : « que le libre arbitre de l'homme s'efface et demeure sans effet sensible, quand les observations s'étendent sur un grand nombre d'individus. » Rien de plus évident pour le statisticien ; et pour l'historien, c'est là une leçon précieuse. Un naturaliste observant les mœurs des fourmis, s'intéressera au climat et aux saisons, aux conditions de nourriture et de travail, à la construction et à l'organisation de la petite cité, aux causes et aux effets de ses guerres contre les tribus voisines, à tout ce qui constitue en un mot l'histoire générale de la fourmilière ; mais il lui sera très indifférent de savoir si, à un moment donné, une fourmi a cru devoir prendre un chemin de préférence à un autre en apportant sa paille à l'édifice commun. L'histoire naturelle de l'humanité ne saurait être conçue d'autre manière : elle n'a pas à entrer dans les menus caprices des pauvres atomes qui constituent le corps social, et dont les actes n'ont pour elle de valeur que lorsqu'ils représentent quelque tendance générale ; les grands hommes eux-mêmes, qui semblent faire exception, ne sont le plus souvent que l'incarnation de ces mouvements universels, qui les mènent presque toujours malgré eux alors qu'ils s'imaginent les conduire ; la seule chose digne d'étude, ce sont les transformations des groupes, parce que les groupes seuls expriment des lois. Ainsi, la liberté de l'individu n'est pas la cause des difficultés de l'histoire : car dans l'immensité des phénomènes nécessaires, cette liberté n'est que néant. — Cette raison secrète, que nous ne trouvons ni dans l'arbitraire du hasard, ni dans l'arbitraire de Dieu, ni dans l'arbitraire de l'homme, doit résider dans quelque élément beaucoup plus sérieux. Ne serait-ce pas dans la faiblesse de l'esprit humain ? Ici, nous approchons de la vérité : mais nous ne la tenons pas encore. En effet, il est bien clair que l'homme est imbécile par nature, puisqu'il lui a fallu des milliers d'années pour arriver à épeler un peu l'univers et à balbutier quelques explications incomplètes des choses les plus simples ; l'histoire générale des sciences est l'épopée homérique de ces essais misérables, où les plus fameux génies se sont heurtés, découragés, devant des énigmes dont tout enfant instruit sait le mot à cette heure ; rien de plus évident que l'impuissance du cerveau humain à saisir des phénomènes un peu compliqués. Mais, puisque telle est sa condition, on ne saurait lui demander d'atteindre, en histoire, des résultats meilleurs que ceux qu'il a obtenus dans les autres sciences. Car sans doute, pour écrire l'histoire à la perfection, avec une profondeur et une exactitude absolues, il faudrait pouvoir tenir dans sa main tous les éléments des phénomènes qui s'y jouent, en peser les forces, en mesurer les mouvements respectifs, en calculer toutes les actions et les réactions, bref édifier sur une analyse immense une synthèse instantanée, prodigieuse, dont n'est capable que l'esprit de Dieu ; mais il n'est pas moins certain que, pour arriver à une description convenable des mouvements et des transformations du système des mondes, il faudrait faire des calculs presque aussi ardus, tout aussi impossibles ; l'astronomie est encore bien loin de là, puisque la complexité des attractions qui règlent la marche des corps célestes, en défiant toute analyse mathématique un peu juste, l'oblige aux plus grossières approximations, quand elle ne l'entraîne pas à de colossales erreurs ; et cependant, malgré le vague nécessaire de ses calculs actuels, nul ne nie qu'elle soit une science positive. N'exigeons pas de l'histoire ce qu'aucune science n'a jamais donné, ce qu'aucune science ne donnera jamais, à moins que l'esprit de l'homme ne se divinise ; mettons-la sur le même pied que les autres sciences, et comparons. Les sciences de la nature, dès qu'elles ont eu à leur disposition les instruments de travail nécessaires, sont parvenues bientôt, malgré la faiblesse de l'entendement humain, à des résultats qu'on peut appeler admirables, si on prend ce mot dans un sens très relatif ; la science de l'histoire, qui est aujourd'hui cultivée par des esprits d'une sagacité merveilleuse, armés des meilleures méthodes critiques, ne semble pas près de donner d'aussi beaux fruits ; pourquoi cette différence, si l'intelligence d'un historien n'est pas inférieure à celle d'un naturaliste ? — Parce qu'à l'heure présente tout historien ignore ce qu'il aurait le plus besoin de savoir pour fonder un système de lois solide. L'ignorance, voilà la seule raison des échecs qu'a subis jusqu'à ce jour la science historique. Ce n'est pas l'instrument qui manque : ce sont les matériaux nécessaires ; et cet unique motif de la difficulté de l'histoire nous donne en même temps la clef de sa possibilité, la preuve anticipée de ses inventions futures : car il est aisé de prévoir que lorsque les historiens, convaincus de l'existence des lois historiques, comme tout savant l'est des lois physiques, et employant, comme tout savant encore, les bonnes méthodes qu'ils possèdent déjà en partie, mais qu'ils ne sauraient bien appliquer, faute d'objet, pourront exercer enfin leur esprit sur des matériaux d'une abondance et d'une valeur suffisantes, la science de l'histoire, après toutes les autres, mais comme toutes les autres, prendra dans le corps général des sciences le rang qui doit lui appartenir.

Au premier abord, cette affirmation de notre ignorance historique peut sembler étrange. Car, dans tous les pays, que de bibliothèques! que d'archives! quels amoncellements de documents et de livres, accumulés par des générations de scribes et d'érudits! Mais par malheur, la qualité de ces chartes et de ces volumes ne répond nullement à leur quantité. Les manuscrits nous content nombre de faits singuliers qui ne peuvent être d'aucun secours à la science, et se taisent sur certains renseignements positifs qui seraient nécessaires à ses travaux. Les ouvrages de seconde main, à commencer par ceux de l'antiquité, qui devraient être les plus précieux pour nous, ne brillent que rarement par des mérites scientifiques qui n'auraient pas fait tort à leur mérite littéraire. En somme, dans toute l'énorme masse des travaux d'histoire antérieurs au XIXe siècle, et dans presque tous ceux de ce siècle même, on ne trouve à peu près jamais, ni une recherche sérieuse des connexions profondes qui relient les phénomènes à leurs causes, ni même les renseignements de fait les plus indispensables à qui voudrait tenter cette recherche aujourd'hui. — L'absence de notation des rapports de cause à effet s'explique aisément lorsqu'on considère que la plupart des vieux historiens n'apercevaient clairement, dans une situation donnée, ni les causes, ni même les effets. En ce qui touche les causes, ils ne voyaient d'ordinaire que les plus immédiates et les plus frappantes, c'est-à-dire presque toujours les moins générales et les moins intimes; les causes accidentelles éclataient à leurs yeux, fermés aux causes normales; et même lorsqu'ils arrivaient à distinguer quelques-unes de ces causes normales, c'était le plus souvent en vertu d'un choix arbitraire qui excluait, sans nul motif, d'autres causes non moins importantes : par exemple, tel admettait l'influence du climat, qui oubliait celle du genre de nourriture, tel autre exposait le rôle de certaines passions, qui omettait celui de certaines idées, et tel autre encore, montrant l'action de certains éléments politiques, négligeait des éléments économiques beaucoup plus féconds. C'est pourquoi il convenait d'insister, comme nous avons fait, d'une part sur les grandes forces génératrices que représentent la nature, l'homme, la société, d'autre part sur les séries de phénomènes historiques qui en sont les éternelles résultantes. Non que nous espérions ramener ce mécanisme infini à un problème mathématique calculable : car si le simple théorème du parallélogramme des forces, par où l'on peut trouver la résultante de quelques forces connues en intensité et en direction, devient d'une application impossible dès qu'on songe, par exemple, à déterminer la trajectoire que suivrait exactement dans l'espace un corps soumis aux influences d'un petit nombre d'autres corps, à plus forte raison ne saurait-on rêver une formule précise des mouvements historiques, dont les grandes forces composantes sont elles-mêmes des forces composées, des résultantes de cent éléments divers, et où les résultantes elles-mêmes deviennent à leur tour des forces composantes nouvelles, en même temps que les forces réagissent entre elles, que les résultantes réagissent entre elles, et que toutes ensemble réagissent les unes sur les autres dans le plus inextricable chaos. Mais si ce jeu secret des choses humaines n'est visible que pour la formidable pensée qui le créa, l'homme peut au moins chercher quelques grossiers ressorts, accessibles à son intelligence; et pour les découvrir, il doit avoir sans cesse dans l'esprit un tableau, aussi complet que possible, des forces et des phénomènes dont les combinaisons produisent les événements. C'est faute d'avoir pris cette précaution, nécessaire à tout travail scientifique, que les anciens historiens ont si rarement aperçu l'ensemble des causes maîtresses dont les phénomènes ne sont que des effets réguliers. Ces effets eux-mêmes, ils les jugeaient souvent mal, parce qu'ils s'attachaient trop à l'histoire externe : ne distinguant pas les causes profondes, ils ne pouvaient voir les effets profonds. Par exemple, dans le récit d'une conquête, ils s'arrêtaient aux apparences superficielles de la lutte, aux succès militaires les plus éclatants, et ils passaient sur les changements intimes, seuls intéressants, qui sont souvent au rebours de ces brillants triomphes; les jeunes Français qui étudient leur histoire nationale dans certains manuels se font à coup sûr une étrange idée des deux grands faits qui constituent la base même de cette histoire, et pendant longtemps sans doute ils liront encore, sous les titres menteurs de « conquête romaine » et de « conquête germanique », les deux chapitres cardinaux qu'on devrait plutôt intituler « facile acceptation par les peuples gaulois de la civilisation romaine » et « conquête de quelques tribus germaniques par la civilisation des Gallo-Romains ». Très souvent, dans l'histoire, la réalité est ainsi le renversement des apparences : l'apparence, pour ce qu'on appelle les « invasions germaniques », c'est qu'après un débordement de hordes pittoresques, et après toute une série de victoires brillantes une poignée de Francs a régné sur une race vaincue; la réalité, c'est que cette pauvre petite armée, en quittant ses forêts, s'est trouvée prise par un climat plus amollissant, par une vie plus douce, par des usages plus raffinés, que ses rois n'ont pensé qu'à singer les césars, qu'un groupe d'habiles évêques, romains de cœur, a tenu les ficelles des pantins royaux eux-mêmes, et que les bons Barbares ont été asservis, comme ils devaient l'être fatalement. Si un peuple envahisseur, changeant d'habitat, vient se faire absorber par un autre peuple, on ne saurait certes dire qu'il a conquis ce dernier; de même que si vous mettez dans un vase de l'or, dans un autre de l'eau régale, et si vous mélangez ensuite ces deux éléments, il sera très indifférent de savoir si vous avez jeté l'or dans l'eau régale ou si vous avez versé l'eau régale sur l'or, puisque dans les deux cas, l'or aura été dissous par l'eau régale; en toute science, il faut laisser là les vaines illusions de forme pour analyser le fond solide des objets. Ces vérités si simples, les anciens historiens ne les voyaient pas, parce qu'ils n'avaient pas un sentiment assez vif du principe de causalité, fondement des sciences, et nombre d'historiens modernes, nourris seulement aux lettres, n'ont pas été plus heureux sous ce rapport. C'est ainsi que, finalement, dans l'énorme amas des livres historiques, nous ne rencontrons presque nulle part l'indication de causes sérieuses reliées à leurs véritables effets. — Mais par malheur, ce n'est pas là le plus grave défaut de ces ouvrages : car si, en l'absence de connexions bien déduites, nous y trouvions au moins les renseignements de fait indispensables pour établir nous-mêmes les raisonnements qui mènent aux lois, nous n'aurions pas trop à nous plaindre; or, par un contre-temps encore plus fâcheux, nous manquons précisément de presque tous ces renseignements positifs. A cela, rien d'étonnant, puisque les anciens historiens, ne regardant pas l'histoire comme une science, ne se doutaient presque jamais de la valeur relative des faits qu'ils notaient, et que par conséquent, ils étaient toujours enclins à enregistrer les faits brillants de préférence aux faits solides. D'ailleurs, l'eussent-ils voulu, qu'ils n'auraient pu recueillir nombre de renseignements essentiels, dont l'observation dépasse l'effort de l'individu et demande un travail collectif immense. Nous ignorons le volume réel des sociétés disparues, ce premier fait absolument nécessaire pour tant de déductions importantes : car des dénombrements quelque peu sérieux ne pouvaient être opérés que par les États, avec l'aide d'une administration compliquée, et ce n'est que depuis fort peu d'années que ces recensements officiels sont parvenus à un degré d'exactitude suffisant; nous ignorons des milliers de choses, non moins capitales, quant à l'organisation et au fonctionnement de ces sociétés, qu'il faudrait pouvoir comparer entre elles, dans tous les pays et dans tous les temps, avec une vision claire de leurs institutions principales, pour arriver à des conclusions fermes; et nous ignorons enfin, quant à la vie de ces sociétés, une infinité de points qu'il serait extrêmement utile de connaître, depuis certains détails de leur existence économique jusqu'à certaines nuances précieuses de leurs idées, pour mesurer le balancement des forces multiples dont l'équilibre a fait leur civilisation. A ces besoins répond la statistique moderne, jointe au progrès général des sciences auxiliaires de l'histoire, de la biologie, de l'anthropologie, de la psychologie comparées, de la morale, de la jurisprudence, de l'économie politique, de la sociologie, de toutes les sciences enfin qui, en éclairant de plus en plus la nature, l'homme, la société, projettent leur réverbération sur toute la série des phénomènes historiques. La statistique, d'ailleurs, même lorsqu'elle est bien faite, c'est-à-dire lorsqu'elle ne se contente ni d'informations douteuses, ni d'informations incomplètes comme celles que peut donner la méthode des grosses moyennes, trop vague pour servir d'appui à des raisonnements sûrs, n'est en somme qu'un système d'observations empiriques. Par elle-même, elle n'a aucun sens, puisqu'elle ne nous dit pas les causes des phénomènes qu'elle constate, et puisque les prévisions mêmes qu'elle autorise ne sont pas fondées sur la connaissance des lois. Mais, précisément, pour trouver ces lois, l'étude d'un très grand nombre de faits est requise; plus les événements historiques sont compliqués, plus il importe de les analyser, de les décomposer, de les discuter, de peser et de comparer les forces variées qu'ils recèlent, pour découvrir le rôle et mesurer l'effet de tous les facteurs essentiels; et c'est pourquoi, sans des milliers de statistiques, point de science de l'histoire. — Ainsi, une ignorance générale des faits, faute des moyens d'investigation nécessaires, voilà le vrai motif, unique et décisif, de la difficulté de l'histoire : une connaissance étendue et profonde des faits, grâce au progrès constant des moyens d'investigation nécessaires, voilà le vrai motif de sa possibilité future. Ceci, évidemment, recule assez loin devant nous l'établissement d'une science historique un peu complète, capable de reconstituer fermement les lois du passé et, avec leur aide, de forcer les portes de l'avenir : raison de plus pour qu'on y travaille de bonne heure, en recueillant de toutes parts des renseignements caractéristiques et en cherchant, avec prudence, quelques lois partielles. Pendant des siècles, on a nié que la météorologie pût devenir une science : il semblait absurde de soutenir que l'inconstance des flots, les caprices des vents pussent être mesurés, calculés, prévus; pourtant, de plus en plus, on découvre les lois qui règlent les grands courants de l'océan ou de l'atmosphère, on détermine le vol des tempêtes et des ouragans, on trace sur le papier la courbe approximative qu'un cyclone va suivre; et si la météorologie n'en reste pas moins une des sciences les plus arriérées, malgré tout on est en droit d'espérer qu'elle parviendra à une prévision suffisante des temps. Or la science de l'histoire n'est pas plus impossible que la météorologie : car il n'y a pas plus de fantaisie dans le développement des nations que dans le mouvement des forces de la nature, et les évolutions de l'humanité, quelque compliquées qu'on les suppose, ne sont pas plus irrégulières que celles des vents de l'espace ou des flots de la haute mer.

Mais en attendant que la science historique parvienne, avec le progrès de nos connaissances, au magnifique épanouissement que nous rêvons, ne pouvons-nous pas dès aujourd'hui établir, ou du moins deviner, quelques-unes des lois qui constitueront cette science nouvelle? Nous le pouvons sans contredit, dans une certaine mesure, puisque notre ignorance n'est pas si absolue qu'elle nous interdise toute spéculation sur les rapports de cause à effet dans cet ordre de phénomènes. La science de l'histoire est difficile, mais possible : il s'agit seulement de voir, étant données ses limites actuelles, de quelle manière on peut tenter de les élargir; et le moyen, c'est, selon nous, de se mettre à l'école des autres sciences, plus avancées, pour profiter de leur expérience acquise. A cet égard, les sciences biologiques surtout peuvent nous aider. En effet, il est apparent que, malgré les différences qui séparent les sociétés humaines des organismes vivants, certaines ressemblances frappantes rapprochent aussi ces deux sortes de choses. Sans doute, une société, au contraire d'un organisme vivant, est composée d'une multitude d'unités distinctes, qui sont toutes douées de conscience, tandis qu'un animal n'a qu'un cerveau conscient; qui ont toutes la faculté de se mouvoir librement, au lieu d'être attachées au service central par une nécessité invincible; et qui enfin, loin d'être combinées seulement en vue de l'existence du corps dont elles font partie, se trouvent réunies, tout au rebours, dans l'unique intérêt de leur propre vie individuelle et de leur bonheur particulier. Mais d'autre part une société, comme un organisme vivant, est elle-même une unité supérieure, un tout dont le volume s'accroît sans cesse; dont le développement produit une structure de plus en plus compliquée, avec une spécialisation croissante des appareils; dont les fonctions, liées à ces appareils, travaillent ensemble dans une étroite dépendance; et dont l'histoire entière, formation, progrès et dissolution, dépend des conditions de vie que lui font cette cohérence totale, cette organisation biologique et ce fonctionnement régulier. Or, sans même soutenir, ce qui serait pourtant assez légitime, que la conscience d'un peuple n'existe guère que dans une petite élite dirigeante, et que les millions de travailleurs qui peinent pour la société sont en réalité esclaves de ce corps géant, il n'est pas sans intérêt de faire remarquer que la diversité des fins poursuivies, c'est-à-dire la dernière et suprême opposition qui sépare une société d'un organisme, n'implique d'aucune manière une diversité correspondante dans les lois auxquelles ils peuvent obéir. Cela étant, et sans vouloir assimiler de vive force deux choses distinctes qu'il est seulement utile de rapprocher, pour en disserter par analogie, on peut bien présumer que les lois de l'histoire des sociétés humaines seront très semblables à celles de l'histoire des êtres vivants ; que pour s'en assurer, le plus simple sera de faire quelques comparaisons positives entre le peu que nous savons de l'histoire naturelle sociale et tout ce qu'on connaît déjà, au contraire, de l'histoire naturelle proprement dite, mieux observable ; et que, finalement, la biologie nous donnera la clef du mystérieux domaine où s'écoule la vie des nations. — Considérons d'abord une société bien organisée, à un moment quelconque de son développement. Il est visible que ce grand corps se compose d'un certain nombre de parties, qui se tiennent, et qui toutes concourent au système commun. Dès lors, ne peut-on pas prévoir ici l'application précise des beaux principes que Cuvier appelait les « lois de corrélation ? » Et en effet, si on institue un parallèle entre les deux ordres de phénomènes, on est amené à constater, d'une part, que la « loi de corrélation des fonctions » est aussi vraie pour les sociétés que pour les organismes, puisqu'une harmonie générale unit entre eux tous les appareils nécessaires à la vie sociale, puisque certaines espèces ou certains degrés de perfection de ces appareils s'appellent ou s'excluent mutuellement, et puisque le mode d'action des appareils dominants exerce une influence décisive sur toute l'économie des appareils secondaires qui leur sont subordonnés ; tandis que, d'autre part, la « loi de corrélation des formes » existe à son tour, comme une conséquence fatale de la précédente, et imprime aux organes sociaux tout un ensemble de caractères externes, qui sont les signes visibles du fonctionnement intérieur. Prenons pour exemple deux types de société bien tranchés : une société militaire et une société industrielle. N'est-il pas certain que, d'une part, dans la société militaire tous les appareils sociaux, intimement liés entre eux, seront organisés en vue d'une fonction maîtresse d'attaque ou de défense, et dans la société industrielle, en vue d'une fonction maîtresse de production laborieuse ; tandis que, d'autre part, dans la société militaire, la forme particulière des institutions gouvernementales déterminera celle des institutions productives, et que, dans la société industrielle, la forme particulière des institutions productives déterminera celle des institutions gouvernementales ; le tout aboutissant à un système général de fonctions et de formes si régulier que l'ensemble indiquera d'avance les parties, avec toutes leurs relations mutuelles d'action ou de structure, et que chaque partie, une fois connue, laissera deviner d'avance, comme action et comme structure, tout l'ensemble dont elle dépend ? Or, tel est justement le résultat précieux qu'il nous est possible d'espérer, en matière d'histoire, quand nous appliquerons à l'étude des sociétés disparues soit la loi de corrélation des fonctions, soit surtout la loi de corrélation des formes, et que nous tâcherons de suppléer ainsi, par des vues rationnelles, à l'insuffisance des documents. Cuvier a bien pu, avec des fragments d'os brisés, reconstituer toute la charpente des monstres anciens, et, d'une main infaillible, les rendre à la lumière. Ces résultats merveilleux d'un principe très simple, qui nous empêche de les obtenir en histoire, et pourquoi ne pourrions-nous pas ressusciter des civilisations tout entières avec l'aide de quelques débris ? De même que les dents d'un carnassier entraînent la forme de sa mâchoire, de son omoplate, de ses griffes, et révèlent la structure de ses organes digestifs, de même tout fait corps dans la constitution d'une race de proie, depuis son appareil d'attaque jusqu'à son appareil d'entretien. De même que l'appareil alimentaire d'un animal herbivore entraîne, en sens inverse, la forme de ses dents, de ses épaules et jusqu'à celle de ses sabots, de même tout se tient dans la constitution d'un peuple pacifique, depuis le large développement de son système d'entretien jusqu'au développement rudimentaire de son système de défense. Dans tous les cas, les sociétés anciennes nous ont laissé des traces qui, à elles seules, nous permettraient de les reconstruire, comme on peut pressentir la forme d'une machine au seul aspect de ses produits. « Quelqu'un qui voit la piste d'un pied fourchu, dit Cuvier, peut en conclure que l'animal qui a laissé cette empreinte ruminait. Cette seule piste donne à celui qui l'observe et la forme des dents, et la forme des mâchoires, et la forme des vertèbres, et la forme de tous les os des jambes, des cuisses, des épaules et du bassin de l'animal qui vient de passer. » Pareillement, à supposer que nous ayons sous les yeux un objet vulgaire, seul reste d'un peuple disparu, cette simple relique, qui est le produit nécessaire d'un certain organisme social, ne peut-elle pas nous permettre de conclure, par une série de déductions logiques, à tout un ensemble d'institutions ? Si c'est un objet du culte, il peut suffire à nous révéler tout un état mental, toute la conception de l'univers que se faisaient les hommes de l'époque, et par suite aussi, certaines formes sociales, publiques ou privées, qui sont toujours le résultat d'une certaine foi. Si c'est un outil, nous pouvons en déduire peut-être tout un système industriel, et par exemple le degré de division du travail, toujours si étroitement lié à certaines conditions de structure sociale ; ou bien, nous pouvons établir par là le point d'avancement des connaissances scientifiques, c'est-à-dire le renseignement positif qui peut nous éclairer le mieux sur la civilisation tout entière. Si c'est un livre, enfin, que d'indications précieuses, à l'aide desquelles on pourra rayonner dans tous les sens ! Dans l'histoire, comme dans la nature, le principe des corrélations est une loi souveraine, et un esprit puissant, appuyé sur l'étude de documents innombrables, devrait voir marcher devant lui les races disparues, rien qu'en se penchant sur le dernier vestige de leurs pas. — Mais le véritable objet de l'histoire n'est pas de reconstituer une civilisation, à un moment quelconque de la durée : c'est de faire mille reconstructions de ce genre, siècle par siècle, an par an, jour par jour, suivant leur succession naturelle, pour en apercevoir le développement dans le temps. Donc, après les lois de corrélation que nous avons étudiées, et qu'on pourrait réduire au terme général de « loi des rapports simultanés », il faut rechercher d'autres lois de corrélation, se déroulant cette fois au cours des âges, et qu'on pourra appeler, prises dans leur ensemble, la « loi des rapports successifs ». Car à des êtres qui vivent dans l'espace et dans le temps, tous les phénomènes, historiques ou autres, apparaissent logiquement comme simultanés ou comme successifs ; par suite aussi, les rapports de ces phénomènes ; par suite enfin, les lois générales de ces rapports. — Cette seconde classe de lois historiques n'est pas moins certaine que la première, puisque les événements humains s'enchaînent, de causes à effets, suivant un ordre évident pour l'observateur ; et il n'est pas moins manifeste que, dans ce domaine encore, nous pouvons raisonner par analogie des sciences naturelles, puisque nous voyons les sociétés naître, grandir et déchoir, comme des organismes, en vertu de causes toutes pareilles et avec le même aspect régulier. Mais ici, ce n'est plus Cuvier qui doit nous servir de guide : car si sa méthode pouvait nous aider à établir une sorte de paléontologie sociale, sa doctrine des révolutions du globe, des créations successives, des bouleversements brusques de la nature est depuis longtemps dépassée ; là où il ne voyait qu'une série brutale de grands changements, une science plus avancée discerne de plus en plus, entre ces états extrêmes, des liens secrets et des transformations insensibles ; aux révolutions violentes, de lentes évolutions ont fait place, et plus on observe les choses, plus on constate que la nature procède par gradations, non par sauts. L'historien qui cherche les lois des civilisations en mouvement doit donc s'adresser de préférence aux naturalistes de cette école nouvelle, depuis Geoffroy Saint-Hilaire jusqu'à Darwin, depuis les découvertes certaines de l'embryologie jusqu'aux hypothèses utiles du transformisme. Il y a, en effet, une embryologie sociale, comme une embryologie animale, et toute civilisation est d'avance contenue dans son premier germe ; tandis que ses formes les plus récentes, à leur tour, permettent de remonter à ses formes anciennes, d'où elles sont sorties, avec le concours de la concurrence vitale, de la sélection, de l'hérédité, par une genèse logique et par un progrès continu. Cette idée générale d'un développement naturel dans la croissance des sociétés est susceptible de mille applications en histoire, et par la seule notion d'une « loi des rapports successifs », nous pouvons arriver à des reconstructions aussi précieuses que celles où nous menait la « loi des rapports simultanés » ; car tout événement, étant à la fois un effet et une cause, doit permettre de retrouver ses antécédents et de prévoir ses conséquents, d'éclairer le passé et de sonder l'avenir, de deviner enfin, au seul aspect d'un phénomène social, ceux qui l'ont précédé et ceux qui vont le suivre, comme tout à l'heure on pouvait décrire, à la seule vue d'un os, l'espèce et la forme de ceux qui l'environnaient. Prenons un seul exemple, très net. C'est un fait certain que si l'humanité est comme un seul homme, qui apprend sans cesse, elle oublie aussi fort lentement ; que les états d'âme d'un peuple, avec les institutions qui les expriment, obéissent à une sorte d'hérédité séculaire ; et que, de cette manière, tout système antérieur laisse des traces profondes dans les systèmes ultérieurs, présents ou futurs. Nous tenons donc là une loi spéciale, qu'on peut appeler « loi des survivances », et qui doit nous conduire à des résultats positifs. Observons, en effet, une société actuelle : ne voyons-nous pas chez elle des restes d'organes qui ne correspondent plus à aucune fonction, mais qui nous autorisent à dire que la fonction a existé autrefois ; des coutumes qui ne représentent plus rien, mais qui n'ont pas toujours été ainsi de simples enveloppes vides de sens ; des cérémonies, des usages, des superstitions par milliers, qui jadis ont régné, et dont les innombrables vestiges, entraînés dans le torrent de la vie sociale, peu à peu amoindris, mais toujours subsistants, témoignent d'un rôle notable à une époque plus ancienne ? Dans toute religion, il y a des reliques certaines d'un culte antérieur ; dans tout système politique, il y a des fragments d'une constitution abolie ; dans tout édifice social quelconque, il y a des substructures primitives, des parties très vieilles, des matériaux antiques qu'on peut reconnaître, et dont l'architecture, comparée à celle d'autres édifices mieux conservés, peut nous révéler des secrets que nul document écrit ne saurait nous dire. Plaçons-nous aux époques les plus lointaines et les plus obscures, prenons quelque détail positif, et précisons. Voulez-vous savoir, par exemple, si telle civilisation ancienne a passé, oui ou non, par l'âge de la pierre et de la sauvagerie ? A l'époque historique où elle travaille le plus habilement les métaux, regardez les grands conservateurs de la tradition, c'est-à-dire les prêtres, occupés à faire leurs sacrifices, et vous verrez qu'ils s'y servent d'instruments de silex. Voulez-vous remonter plus haut encore, savoir comment ce peuple, avant de posséder et le silex et l'acier, obtenait le feu, première étincelle de la vie civilisée ? Observez encore les prêtres, dans leurs temples, et vous constaterez qu'à une époque où ils connaissent à la fois le briquet et les allumettes chimiques, ils n'allument le feu sacré ni avec les allumettes, ni même avec le briquet, mais avec des morceaux de bois qu'ils frottent ou qu'ils font tourner suivant la méthode la plus primitive. Tout cela est bien peu de chose pour les historiens orateurs, mais peut être beaucoup pour les historiens philosophes ; car il n'est rien de plus intéressant dans une civilisation que ses origines, et toute partie connue en éclaire d'autres, de proche en proche, jusqu'à permettre enfin une vue générale du tout. Par de telles applications, prudemment tentées, la loi des rapports successifs vient en aide à la loi des rapports simultanés ; l'une s'appuie sur l'autre ; et toutes deux de concert peuvent conduire le chercheur aux résultats les plus solides, même dans les régions incertaines qui semblaient le plus fermées à ses investigations. — Or, ces lois de l'histoire sont universelles, éternelles. Dans quelque lieu de l'espace, à quelque moment de la durée qu'on les étudie, partout et toujours elles s'imposent à notre esprit. Sur tous les points du globe, à toutes les époques, les phénomènes sociaux se reproduisent dans le même ordre, avec une régularité étonnante, et plus on approfondit l'histoire comparée des peuples, plus on est frappé des similitudes qu'elle fait éclater de toutes parts. Sans doute, à la surface, la variété est immense : chaque civilisation semble enveloppée d'un voile brillant qui lui est propre, qui flotte devant nos yeux et qui éblouit le regard. Dans le fond même des choses, les types sociaux diffèrent, en vertu de mille circonstances spéciales ; et ces types eux-mêmes se trouvent le plus souvent compliqués par des annexions ou des pertes de territoires, par des mélanges de races conquérantes ou conquises, par des importations de toute espèce qui viennent sans cesse troubler le progrès normal. Mais en tout cela, il n'y a guère, pour la surface, que des changements de noms, de dates, de décors, et dans le fond, qu'un jeu fatal de forces élémentaires. L'homme n'a pas partout les mêmes costumes, et il ne lui arrive pas toujours les mêmes aventures ; pourtant, observez-le dans son corps, dans son âme : vous trouverez partout la même humanité. Pareillement, les peuples n'ont pas partout les mêmes coutumes originales, et leurs annales ne présentent pas toujours les mêmes séries d'événements ; mais sous toutes ces variations, sous toutes ces vicissitudes, le développement général de leur organisation sociale, de leur vie morale reste identique : nous pouvons le saisir juste dans la mesure où nous connaissons les forces qui le dirigent, dans les limites précises où nous pouvons raisonner d'après des documents positifs. Il faut donc faire sans cesse de l'histoire comparée, pour atteindre, à travers toutes les surprises de l'accidentel, les caractères permanents de l'universel ; il faut rapprocher les sociétés les plus différentes, nées sous les climats les plus divers, pour constater les rapports qui relient d'ordinaire les phénomènes simultanés ; il faut rapprocher les périodes les plus éloignées dans l'histoire de ces sociétés, pour constater les rapports qui relient d'ordinaire les phénomènes successifs ; il faut, en un mot, embrasser autant que possible le vaste ensemble du genre humain, dans le temps et dans l'espace, pour ramener au moins à quelques lois générales certaines les phénomènes les moins variables, c'est-à-dire les plus importants. En suivant cette méthode, on reconnaîtra de plus en plus combien l'histoire enferme de « rapports nécessaires », qui, comme le disait fort bien Montesquieu, « dérivent de la nature des choses ». Et par là aussi, après avoir remarqué que ces lois sociales sont, non seulement universelles, mais éternelles dans le passé, on sera conduit à cette conclusion qu'elles doivent être encore éternelles dans le futur : on pourra prévoir dans une certaine mesure l'avenir, ce qui est le vrai critère de la science ; et sachant, par exemple, que telle métamorphose s'est constamment accomplie, partout, toujours, suivant la même marche générale, on pourra prédire sans témérité, dès les premières phases d'une pareille métamorphose, les principaux résultats qui doivent en sortir.

Arrivés à ce point, nous pouvons distinguer, au-dessus de toutes les lois historiques, la loi suprême qui les domine en les unissant. Partis de la biologie, qui devait le mieux nous instruire des règles auxquelles obéit la vie des sociétés, nous pouvons aboutir à un principe plus général et plus haut, commun au corps entier des sciences de la nature. L'histoire des organismes sociaux nous est apparue, en quelque sorte, comme une science sœur de l'histoire des êtres vivants ; mais l'histoire des êtres vivants est elle-même une science sœur des autres sciences de la nature : car, comme l'a clairement montré Herbert Spencer, le développement des mondes, le développement de notre globe, le développement des êtres qui l'habitent, le développement de l'homme lui-même, corps et âme, le développement de toutes choses enfin s'accomplit partout de la même manière ; donc, le développement des civilisations doit, lui aussi, dériver du principe générateur qui dirige la totalité de l'univers, et l'histoire des civilisations doit se rattacher à la grande loi qui relie toutes les autres sciences. Cette loi souveraine, cette loi unique, c'est la loi de l'évolution. — Pour comprendre à quel point cette loi est générale, et du même coup, comment l'histoire des civilisations s'y trouve impliquée, il est nécessaire de rappeler ici, avec quelque précision, les lignes essentielles de la théorie évolutionniste, en l'enveloppant tout entière d'un rapide regard. A cet effet, demandons-nous exactement sur quoi elle repose, en quoi elle consiste, à quoi elle arrive ; en d'autres termes, quel est le fondement logique de l'évolution, quel est l'ordre phénoménal suivant lequel elle s'opère, quelle est la raison d'être ultime qui peut l'expliquer : car apercevant ainsi, de bas en haut, le développement abstrait de l'évolution universelle, depuis son point d'appui jusqu'à son principe suprême, il nous sera facile de voir que, fatalement, l'évolution humaine fait partie intégrante de ce vaste ensemble et qu'elle ne saurait y échapper. Mettons-nous donc, d'abord, en face du système du monde, et tâchons de saisir, par une analyse progressive des éléments qui le constituent, l'élément cardinal qui les supporte tous, le pivot sur lequel se meuvent toutes choses. Ce qui frappe nos yeux, à première vue, c'est un immense fouillis de phénomènes, si variés qu'il peut sembler impossible de les réduire à l'unité ; mais ce que nous distinguons ensuite, sous cet enchevêtrement, c'est le jeu perpétuel, dans le temps et dans l'espace, d'une matière indestructible et d'un mouvement continu ; et si nous cherchons à atteindre, à travers ces modes compliqués de l'existence, leur fond dernier, nous finissons par aboutir à la notion d'une force immanente, dont nous ne concevons ni le commencement, ni la fin, ni surtout l'essence intime, mais que nous touchons de tous côtés, en nous par la conscience, au dehors par l'expérience, et dont nous pouvons dire qu'elle remplit, pénètre et fait tourner tout l'univers. Cette force, on ne saurait se l'imaginer que comme permanente : une quantité invariable de force, se manifestant dans une quantité invariable de matière et de mouvement, voilà comment nous devons nous représenter la trame abstraite des phénomènes ; autrement, tout l'édifice des sciences croulerait. Le principe de la permanence de la force étant admis, plusieurs idées importantes en découlent, logiquement : d'abord, l'idée de la permanence des relations entre les forces, à défaut de laquelle il faudrait repousser toute conception de l'uniformité des lois naturelles ; ensuite, l'idée de la transformation des forces par équivalents, qui nous apparaît dans l'éternelle permutation des diverses formes de l'énergie, en physique, en biologie, en psychologie même, où spiritualistes et matérialistes constatent, avec une égale stupeur, que les forces du monde extérieur engendrent des équivalents de conscience et que les forces de l'esprit engendrent des équivalents mécaniques ; puis, l'idée non moins essentielle de la direction du mouvement, dans son milieu, suivant la ligne de la plus forte traction et de la plus faible résistance, fait qu'on observe encore dans toutes les espèces de mouvement, et par exemple dans les courants commerciaux aussi bien que dans les courants électriques ou dans les courants nerveux ; enfin, l'idée d'un rythme du mouvement, que suffit à expliquer le va-et-vient nécessaire des actions et des réactions, dans tout phénomène, depuis les retours alternés des vagues de l'océan jusqu'au flux et au reflux régulier des faits économiques, des régimes politiques, des états d'esprit religieux, esthétiques, moraux, et des modes elles-mêmes. Tout ce corps de principes semble bien le plus vrai qu'on ait constitué jusqu'à présent, puisque seul il s'applique, avec un égal bonheur, à toutes les divisions de la nature ; mais ce n'est là pourtant qu'un simple faisceau de vérités analytiques, qui ne nous fournissent pas une interprétation synthétique des choses. Pour se préparer à une intelligence claire des phénomènes, il fallait d'abord les décomposer ; mais ensuite, il faut les recomposer, c'est-à-dire les observer dans leur état ordinaire, pour surprendre leurs lois d'ensemble. Bref, après les lois des facteurs, il faut rechercher les lois de coopération des facteurs : après avoir vu les caractères que présentent les éléments des phénomènes, il faut voir de quelle manière générale ces éléments premiers, matière, mouvement et force, travaillent sans relâche à modifier la forme des phénomènes et à les reconstruire sur de nouveaux plans. Or, si l'on suit l'histoire entière d'une chose quelconque, depuis sa sortie de l'imperceptible jusqu'à sa rentrée dans l'imperceptible, et si l'on cherche à se rendre compte des transformations qu'y opère la force, en y changeant la distribution de la matière et celle du mouvement, on doit constater que ce travail consiste toujours, soit dans une concentration de la matière avec dissipation de mouvement, soit dans une absorption de mouvement avec diffusion de la matière. Toute masse de matière possède une certaine quantité de mouvement immanente : si la quantité de mouvement diminue, il y a concentration des parties matérielles, intégration ; si elle augmente, il y a dispersion des parties, désintégration. Ces deux opérations opposées de concentration ou de diffusion, en fonction de matière et de mouvement, constituent les deux faces de toute métamorphose, et comme les deux temps du rythme universel. L'équilibre absolu n'existe nulle part : on ne saurait le concevoir qu'entre des unités dynamiques uniformément répandues dans un espace infini ; ce qui existe partout, ce sont des réalités mouvantes. Évolution, dissolution, tel est le cycle entier des changements uniformes que subit toute existence ici-bas. Mais s'il suffit de dire, pour peindre la dissolution, qu'elle consiste en un gain de mouvement suivi d'une désintégration matérielle, il ne suffit pas, pour définir pleinement l'évolution, de dire qu'elle consiste en une perte de mouvement suivie d'intégration. Car si l'évolution est cela, elle est autre chose encore, et outre cette première modification, des modifications secondaires surgissent, qui viennent compliquer le phénomène général. Quand on a reconnu que le système solaire, avec ses planètes diverses, a dû sortir de la concentration d'une nébuleuse ; qu'un organisme est le produit d'une incorporation générale de matériaux, qui fait sa croissance, et d'incorporations locales, qui font ses organes ; qu'une société se constitue par un accroissement de population et par la formation de masses plus denses sur certains points de son territoire ; bref, que toute évolution s'accomplit par une intégration de matière, dans le tout et dans chaque partie de ce tout, on n'a encore aperçu l'évolution que sous sa forme la plus simple. Pour s'en faire une idée complète, il faut remarquer que, par surcroît, la chose considérée passe, en premier lieu, d'un état homogène à un état hétérogène ; en second lieu, d'un état incohérent à un état cohérent ; et en troisième lieu, d'un état indéfini à un état défini. Rien de plus éclatant, dans toutes les espèces de phénomènes. Pour nous en tenir aux seuls phénomènes humains, n'est-il pas apparent que toute société, partie de la tribu simple, amorphe, aboutit à une organisation dont les appareils spécialisés s'entre-croisent avec une complexité prodigieuse ; que, partie d'un groupe sans lien, sans chefs, sans unité, elle aboutit à un corps solide, à une nation ; et que, partie d'une horde vague, indistincte, où l'on apercevait à peine quelques primitives coutumes, où toutes les fonctions étaient confusément mélangées, elle aboutit à la structure nette, rigide, exacte, aux institutions fixes et aux lois précises d'un grand État ? Et si l'on observe avec attention, à côté de ce développement social, le développement parallèle de la langue, de l'écriture, de la science, de la religion, de la morale, de la littérature, des arts, ne sera-t-il pas manifeste que la civilisation tout entière obéit à la même loi générale ? Car pour prendre un seul exemple, le plus important d'ailleurs, dans tout ce progrès d'ensemble de l'esprit, n'est-il pas évident que le progrès scientifique avance, non seulement dans la mesure où nos connaissances s'accroissent, mais aussi dans la mesure où les sciences se spécialisent, se relient et se précisent tout à la fois ? Ainsi, nous tenons bien, dans l'évolution, la loi essentielle du monde, puisque toute chose lui obéit. Mais pourquoi en est-il ainsi ? Pourquoi l'évolution s'exerce-t-elle dans les phénomènes ? En vertu de trois lois, qu'Herbert Spencer, appuyé sur les plus hardis travaux de la science moderne, a solidement assises sur le principe fondamental de la permanence de la force : la loi de l'instabilité de l'homogène, d'après laquelle un corps, sinon parfaitement homogène, puisqu'on n'en saurait concevoir aucun, du moins assez peu hétérogène, le devient davantage sous l'action d'une force incidente quelconque ; la loi de la multiplication des effets, d'après laquelle une force incidente, affectant diversement les parties diverses d'un composé hétérogène, et par réaction devenant elle-même plus hétérogène, produit sur ce composé des effets qui vont croissant en progression géométrique ; la loi de ségrégation, enfin, d'après laquelle, dans une masse ainsi transformée, les unités dissemblables se séparent, tandis que les unités pareilles se groupent toujours. Ainsi, l'explication ultime de l'évolution nous ramène aux premiers principes, et la permanence de la force se retrouve au faîte de l'édifice scientifique comme elle était déjà à son fondement. — De ce point de vue élevé, où viennent s'unir les plus hautes idées des Grove et des Helmoltz, des Baer et des Milne-Edwards, des Darwin et des Spencer, de tous ceux qui ont mis la nature vivante à la place de la nature morte, les lois de rapports simultanés ou successifs que nous avions distinguées pour la commodité de l'analyse, et où rentraient elles-mêmes des lois plus spéciales, telles que celles de Cuvier, ne nous apparaissent plus que comme de froides distinctions, comme de simples classifications provisoires, qu'une philosophie plus large embrasse en les absorbant. Il n'y a plus de temps, il n'y a plus d'espace : il y a l'évolution, continue dans le temps et dans l'espace, entraînant l'univers entier, d'un mouvement prodigieux. Tout marche, tout avance, et au milieu du glissement harmonieux des sphères célestes, au milieu de l'éther vibrant, la terre tourne avec ses cités, l'homme s'agite, l'histoire se déroule suivant un rythme unique que règle une unique loi.

Cette loi d'évolution est-elle une loi de progrès? Dernier problème que tout historien se pose, et qu'il faut résoudre, sous peine de laisser l'histoire inachevée, découronnée, dépourvue de la plus haute signification qu'elle peut avoir. Mais, précisément parce que cette question est un problème dernier, on ne saurait la discuter sagement qu'après s'être fait d'abord une philosophie positive du système d'ensemble auquel l'histoire obéit. Or, dans les temps passés, l'histoire générale était trop peu avancée pour qu'on pût en induire des lois sérieuses, et de nos jours, bien qu'une connaissance beaucoup plus large du développement des civilisations permette de trouver ces lois, au moins dans une certaine mesure, la plupart de ceux qui nient ou exaltent le progrès ont négligé de les chercher. C'est pourquoi, après avoir vu, pendant des siècles, les philosophes anciens, puis les philosophes chrétiens soutenir, tantôt que l'humanité piétine sur place, tantôt même qu'elle marche à reculons, en s'éloignant chaque jour de l'âge d'or ou du paradis terrestre, nous voyons maintenant d'autres idéologues prétendre, avec la même assurance, que l'humanité s'avance d'un pas continu sur une grande route qui va la conduire tout droit à sa perfection. De ces deux thèses contraires, la première est sans nul doute la plus fausse : car mille indices nous prouvent que tout peuple a eu une enfance, et un simple regard jeté sur les collections d'un musée préhistorique nous dit assez ce que durent être ces premiers âges de l'humanité ; mais si la seconde doctrine est plus vraie que la première, elle ne l'est cependant pas beaucoup plus : car mille documents nous prouvent que tout peuple a eu des reculs terribles, et un simple regard jeté sur les recueils d'annales d'une bibliothèque nous dit assez ce qu'ont été ces reculs. En réalité, les deux théories sont inexactes, parce que chacune n'est fondée que sur une vue partielle des choses. Mais, à la lumière des sciences modernes, on peut avoir une vue générale des choses, et partant, on peut unir ces deux théories incomplètes en une théorie complète. A de vagues esquisses, faites d'imagination, on peut substituer un tableau précis, peint d'après nature ; et c'est un dernier bienfait, non le moins précieux, du système de l'évolution. — S'il est clair, en effet, que l'histoire a un rythme, comme tout autre phénomène dans le monde, il résulte de là deux conséquences positives que nul esprit logique ne saurait nier : la première, c'est que le progrès n'est pas continu ; et la seconde, c'est que, néanmoins, il existe. Rien de plus rationnel. Car, d'une part, la continuité n'existe pas dans la nature : elle ne saurait se rencontrer que dans le cas d'action sans résistance d'une seule force, c'est-à-dire dans une hypothèse où on ne peut concevoir aucune variété, donc aucun progrès ; mais dans tout mouvement qui s'opère au sein d'un milieu, l'action engendre aussitôt une réaction, qui en est le complément nécessaire ; et par conséquent, on ne saurait éviter que l'humanité rétrograde dès qu'elle fait un pas en avant. D'un autre côté, dans un rythme, la chose qui avance et recule tour à tour finit toujours par avancer plus qu'elle ne recule ou par reculer plus qu'elle n'avance : elle fait, en quelque sorte, ou deux pas en avant pour un pas en arrière, ou deux pas en arrière pour un pas en avant ; en tout cas, au total, on ne manque jamais de trouver une quantité différentielle, dans l'une ou dans l'autre direction ; et comme nous avons vu que les caractères de l'évolution humaine, prise dans son ensemble, sont ceux qui distinguent, en tout ordre d'existences, non pas la dissolution, mais l'évolution, il s'ensuit que l'humanité progresse. En somme, la civilisation n'est pas dans un état d'équilibre ; elle ne suit pas non plus un progrès continu ; elle ne retourne pas davantage à la barbarie : elle avance, avec des reculs partiels. Ce sont ces reculs partiels qui ont trompé tant de bons esprits, plus attentifs aux rencontres particulières qu'aux vérités générales, et qui les ont empêchés d'apercevoir la marche en avant du genre humain tout entier. Ils ont vu, par l'effet de causes internes ou externes, des peuples supérieurs traverser des siècles de décadence, avant de retrouver leur grandeur ; ou même en arriver à un état de dégradation persistante ; ou enfin, périr. Mais ils n'ont pas assez vu que la plupart de ces peuples avaient laissé après eux la plus belle part de ce qui faisait leur force, et que cette force, échue en héritage à leurs successeurs, a augmenté sans cesse l'énergie universelle du progrès. L'Inde et l'Égypte, la Grèce et Rome ont vécu : mais leur génie n'a pas cessé d'exister dans le trésor de la civilisation occidentale. La chute de Rome a été un bienfait, puisqu'elle a laissé son droit, c'est-à-dire le meilleur d'elle-même, à des races plus jeunes et plus fortes ; et de même que son action exorbitante engendra la réaction où elle devait sombrer, cette réaction à son tour engendra une action nouvelle, avec un profit net pour l'humanité. Toute civilisation particulière a son évolution, puis sa dissolution non moins fatale ; mais en définitive, dans le rythme général, c'est l'évolution qui l'emporte ; et cette direction triomphera jusqu'au jour où l'humanité, arrivée à sa perfection, restera un instant en équilibre, pour commencer aussitôt un mouvement en sens inverse, et pour aboutir enfin à l'état de dissolution complète d'où le maître de ses mystérieuses destinées tirera un monde nouveau, s'il lui plaît. — Mais nous n'en sommes pas là ; et en attendant, l'humanité continue de s'intégrer, de devenir plus hétérogène, plus cohérente et plus définie. Les trois forces génératrices de la civilisation, ou plutôt les trois faisceaux de forces que nous avons distingués sous les noms de nature, d'homme, de société, sont en progrès. La nature progresse, du moins par rapport à l'homme, puisque la nature transformée sert si merveilleusement ses besoins ; l'homme progresse, car, pour ne parler que de la partie la plus vraiment humaine de son corps, le cerveau de l'homme transformé n'est plus le cerveau de l'homme sauvage, et l'esprit que sert cet organe puissant s'illumine plus glorieusement à chaque génération survenante ; la société progresse, car la société transformée garantit à l'homme à peu près tout ce que lui refusait la société primitive, et on peut dès maintenant prévoir le jour où les rapports mêmes des sociétés entre elles passeront de l'état barbare à l'état de justice, de paix, de liberté. Trois forces qui se perfectionnent sans relâche doivent engendrer, avec une multiplication de résultats prodigieuse, des séries de phénomènes plus parfaits. Et en effet, dans la vie sociale, quelle différence entre une famille grecque et une famille chrétienne, entre une corporation romaine et un syndicat moderne, entre une cité antique et un grand État libre! Dans la vie individuelle, tant matérielle que morale, quelle différence entre l'existence d'un sauvage et celle d'un civilisé, ou même entre l'existence moyenne d'un ancien et celle d'un homme du XIXe siècle! Donc, les phénomènes avancent et se précipitent, selon un mode de progression géométrique, en raison du progrès même des forces qui les ont suscités; et lorsqu'on ajoute à cela que, mutuellement, tous ces phénomènes s'entr'aident et s'entraînent, quelle accélération du mouvement général! Enfin, si l'on cherche à saisir la ligne directrice suivant laquelle s'opère tout ce progrès, on peut arriver à cette conclusion que, sous la loi essentielle du rythme, les lois particulières des rapports entre forces et phénomènes se sont elles-mêmes modifiées peu à peu, au cours de l'histoire universelle; on peut ramener ces changements à une nouvelle loi, que j'appellerai la « loi du renversement des facteurs », et que j'exprimerai par la formule suivante : plus la civilisation avance, plus la nature diminue d'importance au profit de la société, et plus la société diminue d'importance au profit de l'homme. C'est là une vérité que la raison seule n'eût pu nous faire connaître, mais que nous révèle l'induction, en présence des faits. A l'origine, la nature est souveraine : le développement de chaque civilisation dépend surtout des conditions de milieu physique; l'habitat fait le progrès. Mais bientôt, la société se développant, les hommes se trouvent groupés en un corps solide, bien organisé, pourvu d'appareils précieux, muni d'utiles connaissances, armé d'un outillage puissant, capable en un mot de dompter la nature, par mille moyens, sur toute l'étendue du territoire qu'il occupe, et même, au besoin, de se transporter sans nul danger sur un territoire moins favorable où une race inférieure n'eût pas tardé à périr. Par malheur, cette société, qui délivre l'homme de la nature, l'asservit lui-même : à l'empire des lois physiques succède la domination des lois gouvernementales ; l'homme a changé de maître, il n'est pas affranchi. C'est à lui maintenant à se dégager de ces nouvelles contraintes qui l'étouffent, à secouer autant que possible le joug de l'État, à devenir quelqu'un sans néanmoins cesser de maintenir au-dessus de lui, pour le moment, l'autorité protectrice d'un bon gendarme. Il faut qu'à une société despotique, comme celle de l'empire romain, ou à une société quasi despotique, comme celle des régimes modernes, succède une société bienfaisante où l'État n'assure que le service d'ordre et laisse le reste à l'initiative des citoyens. Cette tendance est en progrès, de nos jours, malgré le recul partiel dont le socialisme nous menace, et qui ne serait d'ailleurs qu'une réaction naturelle contre l'action excessive d'un individualisme prématuré. Le résultat final sera un état de choses où l'homme, instruit par la vie sociale, pétri par une hérédité séculaire, transformé enfin de demi-barbare en véritable civilisé, n'aura plus besoin d'entraves légales pour marcher sans péril pour ses semblables; où la majorité comprendra que l'intérêt bien entendu de chacun est de respecter le droit des autres; où, par suite, toute tentative de désordre sera réprimée par le bon sens général; où l'individu enfin saura se conduire lui-même, sans chaînes ni lisières, parce que sa raison d'adulte lui aura dit que les enfantillages passés ne sont plus de saison. Cette harmonie spontanée, succédant à l'ordre brutal, sera le terme des oppressions sociales, le début de la liberté ; ce sera l'ouverture de l'ère bénie où la civilisation assurera à chacun le plein développement de son être ; ce sera le bonheur, tel qu'il peut exister du moins chez des hommes libres, dont toutes les facultés physiques et morales s'épanouissent, dont toute la vie fleurit. Après avoir puisé dans le sein de la terre la chaleur, l'électricité, l'humidité bienfaisantes, par l'intermédiaire de l'enveloppe qui la protégeait, une graine se dépouille de cette écorce inutile et son germe s'élance au jour. Après avoir tiré à elle les forces du globe, avec l'aide et sous le couvert de sa gaine sociale, l'humanité laissera tomber cette loque devenue gênante et apparaîtra sous le soleil, dans sa liberté. Une vue à vol d'oiseau de sa route passée, avec ses arrêts et ses reculs, mais aussi avec ses fortes étapes, un simple coup d'œil jeté sur cette formidable ligne de pierres numéraires dont chacune est un monument de gloire, et c'est assez pour nous donner confiance dans la certitude de ces résultats futurs. A travers tous les accidents de sa longue carrière, l'humanité a fait son chemin; à chaque génération, ses sentiments et sa volonté ont dû recommencer une œuvre sans cesse détruite; mais grâce à l'intelligence, qui se transmet, grâce à la science, qui ne se perd pas, elle a marché, et malgré tout, plus elle va, plus elle prend conscience de ses nobles destinées. — Donc, dans le rythme immense qui règle le jeu perpétuel des choses relatives, l'histoire des civilisations nous a montré une part d'absolu, une grande loi, qui, comme toute loi, est immortelle. Cette loi de l'histoire que nous cherchions, nous l'avons enfin saisie : c'est la « loi du progrès par l'évolution »; et comme nous ne l'avons pas fondée sur des déductions sans base, mais sur les résultats derniers des sciences positives, nous avons le droit de dire après Montesquieu[1], avec plus de raison que lui, que « nous n'avons point tiré nos principes de nos préjugés, mais de la nature des choses ».

Par cette doctrine, l'idée de la fatalité, l'idée de la liberté, l'idée de la providence se trouvent réconciliées. La fatalité existe, puisque l'histoire obéit à des lois, qui posent aux volontés particulières des bornes certaines et qui, régissant l'humanité comme tout le reste de la nature, n'ont elles-mêmes pour limites que celles de l'univers. La liberté existe, puisque les forces physiques cèdent aux forces sociales, qui cèdent à leur tour aux forces humaines, et puisque finalement nous assistons au triomphe dernier de l'intelligence, qui est la vraie raison de notre indépendance intérieure, aussi bien que de notre domination sur les puissances du dehors. La Providence existe, puisque le hasard n'existe pas; puisque tout dans le monde est soumis à des lois savantes, mieux encore, à une loi unique, ombre visible de la lumière d'en haut, reflet de la pensée qui veille

[1] Préface de l'*Esprit des lois*.

uniformément sur l'évolution de tous les êtres, sur la vie d'un soleil comme sur l'épanouissement d'une fleur, sur l'essor d'une cité comme sur l'éclosion d'une âme, et qui, de tout cela, fait un même progrès, un seul élan, un ordre surhumain, souverain, divin. — Quand nous sentons ainsi l'univers respirer, palpiter dans sa paix sacrée, nous comprenons combien nous serions insensés de vouloir exercer notre volonté autrement que par une humble obéissance à ces lois suprêmes; nous réalisons que la plus haute forme possible de la liberté humaine, c'est un esclavage intelligent; et volontiers nous nous écrierions, avec le moine du moyen âge : « Qu'il est doux de ne pas s'appartenir, sui juris non esse! » Mais cette sérénité ne nous inviterait au repos que si la science était achevée, l'humanité heureuse, l'absolu saisi. Or, nous ne savons rien, nous vivons sur une terre profondément misérable, et nous ne pouvons encore nous faire de Dieu que des conceptions imbéciles. Tâchons donc de nous éclairer un peu, par tous les moyens, mais en particulier par l'étude de l'histoire, qui, entre toutes les sciences, peut le mieux nous instruire des choses divines et humaines à la fois. Car, ramenés ainsi à notre point de départ, nous pouvons le dire, après démonstration faite : l'histoire a bien la fin scientifique, la fin pratique, la fin religieuse que nous lui avions assignées, et toutes ces fins solides, elle peut les remplir. C'est par elle seulement que nous pourrons pénétrer la plus haute forme de l'évolution générale, la croissance du « roseau pensant », la loi du développement du genre humain dans toutes ses parties; c'est avec elle seulement que nous pourrons travailler, par une politique sérieuse, à ordonner le globe dans la justice et la paix; c'est sur elle seulement que nous pourrons fonder une philosophie positive du progrès naturel qui élève l'homme à Dieu. Ne sommes-nous pas déjà au seuil de ce merveilleux domaine? Dès maintenant, nous apercevons, dans l'ordre scientifique, la loi de l'évolution rythmée, avec ses principales applications au système humain; dans l'ordre pratique, délivrés de l'utopie du progrès continu, aussi bien que de la vieille idée du piétinement sur place, nous voyons qu'il s'agit de contribuer au progrès en surveillant des actions et des réactions tout à fait fatales, ce qui est déjà une précieuse leçon ; dans l'ordre idéal, enfin, nous devinons que ce progrès mène à Dieu, parce que, malgré l'épouvantable distance qui nous sépare de cette existence prodigieuse, nous ne concevons pas qu'un perfectionnement relatif, quelque minuscule qu'il puisse être, s'éloigne de la perfection absolue au lieu de s'en rapprocher. — Ainsi, l'histoire n'est pas un progrès en ligne droite, où s'avancerait une blanche théorie d'êtres candides, épris de douceur et de bonté ; elle n'est pas non plus le jeu sauvage d'une bande de brutes ivres de sang, se ruant sur la ligne sans fin d'un cercle fermé, inexorable : elle serait plutôt, comme le pensait Gœthe, un progrès en spirale, dont la gyration s'élargit sans cesse, l'essor d'un liseron qui en tournant sur lui-même monte cependant vers le soleil. Mais ce qu'elle est surtout, c'est un rythme vivant, un rythme vrai, pareil à ceux de la nature. Au bord de la mer, si vous ramassez quelque rameau d'algue qui traîne à terre et si vous le lancez sur une vague lointaine, vous le voyez peu à peu revenir vers vous, à la crête des flots : il progresse, rétrograde, s'éloigne, puis se rapproche ; mais il ne s'arrête jamais, car il est toujours dans un équilibre instable ; et à chaque mouvement nouveau, il gagne quelque avance, jusqu'à ce qu'il échoue à vos pieds. Dieu a jeté ainsi, très loin, sur l'immense océan des choses, cette pauvre forme d'existence, brillante et fragile, que nous appelons l'humanité ; comme une fleur de l'abîme, lentement, elle ondule, plonge, reparaît, flotte en arrière, en avant, au gré des phénomènes qui la portent ; mais elle suit une loi, un rythme cadencé, et chacun de ses reculs engendre une victoire : elle reviendra au terme, au rivage éternel, où l'attend le sourire du divin Inconnu qui aime à se réjouir dans sa puissance.

VIII

Cette grande loi du progrès, avec tout l'ample corps des lois secondaires qui en dépendent, voilà le véritable objet de la science historique et le résultat suprême de ses efforts. Tout vient se rattacher à ce système directeur qui conduit l'évolution générale du monde. Plus on analyse le développement d'une nation, plus on y reconnaît la vérité du principe; et plus on compare les civilisations entre elles, plus on y vérifie ses applications.

Or, à mesure que l'histoire prenait, au cours du XIXe siècle, les premiers caractères d'une science et qu'elle gagnait en profondeur, elle ne se développait pas moins en étendue et, chaque jour, élargissait son domaine. Non contents de rajeunir à nos yeux tout le passé de l'Occident, depuis les âges classiques jusqu'aux temps modernes, les historiens nous dévoilaient peu à peu des civilisations plus antiques et plus lointaines. Ils s'attaquaient d'abord à la vieille Égypte; puis, aux anciens empires de l'Assyrie, de la Babylonie, de la Perse, de la Médie; tandis qu'ils renouvelaient l'étude de la Phénicie, de la Judée, de la Syrie, de l'Arabie, de tous les pays sémitiques, et qu'ils nous ouvraient enfin les mystères de l'Inde. Mais ce n'était pas assez : car, plus loin encore, un monde immense s'agite, un monde vivant, plus vaste et plus peuplé que l'Europe, un monde prodigieux par l'antiquité de ses races et par la richesse de ses civilisations. C'est tout un univers, une région merveilleuse qui, de plus en plus, appelle nos recherches. Après l'Occident, l'histoire a embrassé l'Orient; après l'Orient, elle doit s'emparer de l'Extrême-Orient lui-même. Elle doit fouiller à fond cette large province jaune, qui occupe tant de place à la surface du globe comme dans les annales de l'humanité, mais qui en a tenu si peu, jusqu'à ces derniers temps, dans l'esprit des hommes de race blanche; elle doit exploiter cette mine de faits et d'idées : elle en tirera des trésors. Par là, d'ailleurs, à travers la Chine, la Corée et l'archipel du Japon, elle pourra rejoindre l'Amérique; en quittant cette fourmilière de l'Extrême-Asie, si elle continue son chemin, elle retrouvera, au delà de l'océan, le Mexique, le Pérou et leurs ruines glorieuses : elle aura parcouru le cercle de ses voyages intellectuels, compris et comparé toutes les grandes civilisations de l'univers, et lorsqu'elle reviendra enfin à notre Occident, elle aura fait son tour du monde.

Mais dans cet Extrême-Orient, si vaste, il faut choisir : entre tous ces empires qui se présentent à nous, il faut étudier d'abord celui qui offre le plus d'intérêt pour l'histoire ; il faut aller au plus pressé. Or (pour ne parler que des trois pays qui ont joué les rôles principaux sur ce grand théâtre), si la Chine s'impose à notre attention par sa haute antiquité, par sa formidable masse, par son influence séculaire sur toutes les contrées voisines qu'elle initia à la civilisation ; et si la Corée, longtemps enveloppée de mystère, fermée, ignorée, inabordable à l'Europe, exerce sur notre curiosité un singulier attrait ; malgré tout, ce n'en est pas moins le Japon qu'il importe le plus de connaître. En effet, l'objet essentiel de la science historique n'est pas de décrire des peuples puissants ou des peuples étranges : c'est de chercher les lois de la vie sociale par l'étude d'un peuple en évolution. La Chine dresse devant nous une civilisation colossale : mais, depuis trois mille ans, elle n'a presque pas changé. La Corée nous séduit par son apparence originale : mais, faute de renseignements précis, le secret de son développement intime nous échappe. Seule, l'histoire du Japon nous montre un grand peuple en marche, une nation qu'on peut suivre dans son progrès normal, depuis ses premiers pas jusqu'à ses dernières conquêtes, à travers toutes les phases d'un avancement continu. Elle déroule à nos yeux toute une sociologie en action, où se peut vérifier, dans un domaine restreint, l'application des lois les plus générales. Surtout, elle livre à l'analyste patient une matière vraiment admirable, la plus heureuse qu'il pût rêver, puisqu'elle étale devant lui, d'abord l'accroissement régulier d'une société toute spontanée, puis, au VIe siècle de notre ère, la transformation de ce premier état sous les influences coréenne, chinoise et même hindoue, enfin, au XIXe siècle, la transformation de ce second état sous l'influence européenne, et la constitution d'un troisième ordre de choses que chacun peut voir s'élaborer, à cette heure même, sur les lieux. Le Japon nous apparaît donc comme un organisme extraordinaire, qui tour à tour s'est enrichi de la civilisation orientale, puis de la civilisation occidentale, sans perdre pour cela sa culture native : car c'est précisément la marque du génie japonais de s'être toujours assimilé pleinement ce qu'il tirait du dehors, d'avoir su rendre sienne toute importation étrangère ; et dans ce microcosme, nous retrouvons ainsi, outre notre Europe, la Chine, la Corée, tout cet Extrême-Orient qu'il semble presque inutile d'aller étudier ailleurs, puisqu'il est là, par fortune, en raccourci, vivant, palpitant au sein de la race la plus souple qui fût jamais.

Pour mieux se persuader de l'intérêt que présente cette étonnante civilisation du Japon, il pourrait être bon de l'envisager, tour à tour, à trois points de vue : au point de vue scientifique, au point de vue pratique, au point de vue philosophique. On verrait alors que nulle étude peut-être, à cette heure, ne saurait avoir plus de prix pour l'historien qui aime à sonder les lois sociales, à en peser les conséquences positives et à en méditer les suprêmes leçons. Mais, pour le présent, mieux vaut nous borner que de nous en tenir à des vérités trop générales. Un rapide coup d'œil jeté seulement sur le côté scientifique de la question suffira d'ailleurs à faire pressentir ce que son côté pratique réserve aux réflexions du politique ou de l'économiste, son côté philosophique à celles du penseur.

Plaçons-nous donc au point de vue scientifique pur, c'est-à-dire au point de vue de l'homme d'études qui, dans l'histoire, ne poursuit que la vérité. Que va-t-il pouvoir tirer de l'histoire japonaise ? Au premier regard, il semblerait que cette civilisation lointaine ne doit offrir qu'un intérêt secondaire, et que si on la rapproche, par exemple, de la civilisation grecque ou de la civilisation romaine, elle ne pourra soutenir la comparaison. Mais il n'en est rien ; et précisément, une telle objection ne saurait venir que de l'éducation toute classique que nous avons reçue : elle disparaît dès qu'on pénètre un peu plus avant dans ce domaine asiatique si longtemps fermé. On s'aperçoit alors que non seulement les civilisations d'Extrême-Asie, considérées en elles-mêmes, ont valu à peu près nos civilisations occidentales, mais encore que, confrontées à ces dernières, elles peuvent servir, dans une large mesure, à nous les faire mieux connaître, en nous montrant sans cesse dans leurs états présents nos états passés. — Que la civilisation des Chinois, des Japonais ait été aussi brillante que celle des Grecs, que celle des Romains surtout, c'est ce qu'on ne saurait nier après avoir fait une étude quelque peu sérieuse des unes et des autres. Si, en certaines choses, ces peuples asiatiques ont été inférieurs à nos anciens, en d'autres choses ils leur ont été supérieurs; à tout prendre, ils représentaient un degré de culture aussi remarquable ; et en somme, nous ne les avons distancés, comme nous n'avons dépassé les anciens eux-mêmes, que par le grand effort spéculatif qui a produit nos sciences modernes et leurs merveilleuses applications. La Grèce, avec ses arts et ses lettres, a bien mérité du genre humain; Rome pareillement, avec son droit immortel : mais il ne faut pas oublier que l'histoire romaine, que l'histoire grecque n'ont été que des épisodes dans l'histoire universelle, et que la Chine, avec sa formidable organisation sociale et intellectuelle, a tenu au moins autant de place que Rome dans le monde, tandis que le vieux Japon, avec sa vie si prodigieusement raffinée, a longtemps brillé dans ses îles lointaines comme une Grèce de l'Extrême-Orient. Ce sont des faits certains, que nos habitudes d'esprit nous inclinent à méconnaître, parce que toujours, fatalement, un lettré de Paris, même le plus large d'idées, apercevra les choses un peu de la manière dont les regarde son confrère de Pékin ; mais pour un spectateur impartial, placé à égale distance entre ces deux centres, la vue changerait, et à côté de l'Occident, l'Orient reprendrait sa grandeur. Ces deux moitiés du monde sont faites pour se compléter : l'histoire de l'antiquité en est la meilleure preuve ; et plus nous élargirons le cercle de nos recherches, plus nous reconnaîtrons que l'étude de ces grandes civilisations asiatiques, même les plus lointaines, mérite d'attirer tous nos efforts. — D'autant plus que cet éclat de l'Orient, à son tour, peut jeter sur l'histoire de notre Occident de vives lumières. D'un côté, en effet, nous rencontrons sans cesse, dans l'abondance des richesses que ces empires font ruisseler sous nos regards, mille phénomènes pareils à ceux que nous connaissions, que nous observions chez nous, sans toujours les bien comprendre; et ces ressemblances peuvent évidemment donner lieu aux plus précieuses comparaisons. Par exemple, au Japon, l'art rappelle souvent le génie grec, le droit était presque romain, la féodalité semblait tout européenne; qui ne voit les indices que l'histoire pourrait tirer de ces faits, pour l'éclaircissement de certains problèmes obscurs? D'un autre côté, et au rebours, nous trouvons là-bas des choses qui paraissent étranges, parce qu'elles sont le renversement de toutes nos notions. Telle idée que nous considérions comme un axiome, parce que l'éducation et surtout l'hérédité l'avaient inscrite au plus profond de nos cerveaux, apparaîtra à tout penseur d'Extrême-Orient comme une absurdité manifeste; et à l'inverse, telle conception qui choque notre esprit lui semblera un principe inné de la raison. Je suppose que vous discutez avec l'un d'eux sur la question de l'immortalité de l'âme : après quelques instants, vous vous apercevez que votre interlocuteur croit que l'homme a plusieurs âmes, tandis qu'il ne s'étonne pas moins de constater que vous pensez n'avoir qu'une âme unique; cela vous donne à réfléchir... Transportez ce contraste à mille autres détails, dans tous les domaines de la culture, de la vie : que d'oppositions fécondes en enseignements! En définitive, ce n'est qu'en voyant les choses dans ce qu'elles ont de différent qu'on apprend à les distinguer. Nous ne devons pas nous considérer, mais nous comparer, pour nous bien connaître. Étudiez les Japonais, et vous comprendrez mieux les Français ; analysez leur civilisation, et vous jugerez mieux la nôtre; regardez l'étranger, l'Oriental, dans ses types les plus caractéristiques, et vous saisirez mieux tout ce qui constitue notre type européen, notre type national. — C'est ainsi que, par leurs oppositions comme par leurs similitudes, les civilisations d'Extrême-Orient, en particulier la civilisation japonaise qui les résume toutes, peuvent nous éclairer sur notre propre génie, sur notre propre histoire, et que ces civilisations, déjà si importantes par elles-mêmes, le deviennent plus encore, contre toute attente, lorsque nous les étudions par rapport à nous.

Ces vérités apparaissent dès qu'on considère, à vol d'oiseau, l'histoire externe du Japon, le cadre où sa civilisation s'est déroulée. Quelle suite d'événements, quelle épopée brillante, depuis les origines jusqu'à ce XIXe siècle qui a vu la seconde des deux grandes révolutions du pays! — C'est d'abord le Japon primitif, si attachant par ses obscurités mêmes : c'est, sur cette « terre des dieux », comme l'appelait la tribu descendue du ciel, sur ce sol choisi où la géographie se montre si bien la base vivante de l'histoire, l'immense mêlée des races, la fuite des aborigènes devant les conquérants mystérieux dont l'anthropologie, la philologie, la science comparée des mythes et des sociétés recherchent de concert l'origine inconnue ; et ce sont les mille premières années de la chronologie japonaise, la fondation de l'empire, les règnes de l'antiquité sacrée, toute cette longue période où la critique historique commence à peine à jeter quelques clartés. — Puis, c'est le vieux Japon, la période de treize ou quatorze siècles inaugurée par l'adoption de la civilisation chinoise : et c'est, pour ne citer que quelques points curieux, le VIIIe siècle après Jésus-Christ, où la civilisation atteignit, à la cour de Nara, une grandeur et un raffinement si extraordinaires ; le IXe et le Xe siècles, où la cour de Kiôto brilla aussi d'un si vif éclat, facile à évoquer lorsqu'on lit les romans, les mémoires et les journaux intimes de l'époque ; le XIe et le XIIe siècles, où l'on peut suivre, au bruit de la lutte épique des Taïras et des Minamotos qui ont supplanté les Foujiwaras, le remplacement d'un gouvernement civil par des dominations militaires et la lente formation de la société féodale que vont essayer de diriger les shôgouns ; le XIIIe siècle, époque d'anarchie guerrière, intéressante pourtant au point de vue intérieur par l'établissement de la régence des Hôjôs, au point de vue extérieur par la formidable tentative d'invasion de Koublaï Khan ; le XIVe siècle, âge non moins troublé, mais où, par bonheur, s'élèvent bientôt les Ashikaghas, qui, pendant le XVe siècle surtout, font refleurir une civilisation éclatante ; le XVIe siècle, où s'inaugure la série des rapports avec l'Europe : arrivée de Mendez Pinto, apostolat de saint François-Xavier, luttes des Portugais et des Espagnols, des Jésuites et des Franciscains, ambassades à Rome, persécutions contre les chrétiens, commerce des Hollandais, voyages des aventuriers japonais en Occident et des aventuriers occidentaux au Japon, bref tout un monde de faits trop peu connu chez nous, et qui cependant mériterait des études sérieuses ; en même temps qu'apparaissent les grandes figures de ce puissant XVIe siècle et du début du XVIIe : Nobounagha, le rude centralisateur ; H. Iéyoshi, le Napoléon de là-bas, qui fit la conquête de la Corée et rêva celle de la Chine; Iyéyas enfin, le politique et l'administrateur de génie, le dompteur de la féodalité, le fondateur de cette brillante lignée des Tokou gawas qui, après avoir fermé les portes du Japon, le maintint pendant plus de deux cents ans dans cette longue paix, féconde en œuvres exquises, qui ne devait être interrompue qu'au milieu de ce siècle par l'arrivée soudaine et les menaces brutales des Américains. — C'est alors le Japon moderne qui se révèle et qui, subitement, grandit sous nos yeux, depuis la révolution de 1867 jusqu'à l'heure présente : c'est la restauration du pouvoir à l'empereur, dès longtemps préparée par les écrivains du XVIIIe siècle, et que le danger extérieur ne fit que précipiter; l'abolition de la féodalité, que remplace aussitôt une centralisation énergique; la décision si sage, prise par le gouvernement d'alors, d'adopter sans retard la civilisation de l'Occident pour se protéger contre l'Occident lui-même, et, puisqu'il le fallait, de s'armer à l'européenne, d'acquérir tous les secrets, toutes les ressources utiles qui faisaient la force de l'étranger; enfin, c'est le mouvement spontané, l'élan général de la nation qui, après quelques années de défiance et d'attente, prend goût comme ses chefs eux-mêmes à la civilisation occidentale, la juge supérieure et bienfaisante, au moins dans ses formes matérielles et dans certaines parties de sa vie sociale ou de son trésor intellectuel : le vieux Japon s'empare de toutes ces choses d'Occident comme le Japon primitif s'était saisi des richesses chinoises, avec la même avidité et la même souplesse, et, pour la seconde fois, une civilisation étrangère s'incorpore à la civilisation nationale, qu'elle vient compléter sans l'abolir.

Mais après cette rapide esquisse des événements les plus apparents, allons un peu plus au fond des choses, entrons dans l'histoire interne, et nous verrons que si la destinée du pays fut féconde en accidents pittoresques, les profondeurs de sa vie sont une mine autrement précieuse encore pour l'historien des civilisations. Ici, comme tout à l'heure, il faut se limiter et choisir. Qu'il nous suffise donc d'indiquer quelques traits épars, quelques faits pris tour à tour, çà et là, dans les divers domaines dont une civilisation se compose. La seule mention de ces points isolés évoquera dans l'esprit assez d'idées pour laisser deviner ce que nous n'aurons pas dit.

Pour commencer par la partie la plus terre à terre, mais la plus nécessaire aussi, de toute civilisation humaine, il faudrait d'abord jeter un coup d'œil sur la vie matérielle du pays. Contentons-nous de remarquer que, sous ce rapport, l'ancien Japon réserve plus d'une surprise à l'économiste. — S'il considère, d'abord, le système de production, il se trouvera en face d'une agriculture, d'une industrie, d'un commerce étrangement développés. L'agriculture ayant toujours été, pour les Japonais, le métier utile et noble par excellence, rien d'étonnant s'ils s'y livrèrent avec amour et succès ; il n'en est pas moins bizarre de voir les résultats obtenus, avec des charrues semblables à celles du temps des Pharaons, mais aussi grâce à un art merveilleux dans la pratique de l'ensemencement, de l'amendement, de l'irrigation de chaque parcelle de terre, par ces patients laboureurs dont la culture est bien plutôt de l'horticulture et dont les champs sont tenus comme des jardins. Que dire de l'industrie, de l'industrie d'art surtout, dont les chefs-d'œuvre, orgueil des collections européennes, laissent assez présumer l'organisation intime ? Mais c'est surtout dans le domaine du commerce qu'on peut saisir sur le vif l'activité et l'intelligence de ce peuple, parce que précisément, en cet ordre de choses qu'il méprisait, et privé du secours précieux que les rapports internationaux offraient à l'ingéniosité de ses frères d'Europe, il est arrivé d'instinct aux mêmes inventions. Au milieu du XVIIe siècle, alors que nous n'avions guère de banques sérieuses que dans quelques villes italiennes et hollandaises, les banques japonaises, unies en un syndicat puissant, recevaient des dépôts, payaient des chèques, émettaient des billets, négociaient des lettres de change, faisaient l'escompte, opéraient enfin à peu près comme des banques modernes ; entre ces modes de crédit, plusieurs dataient de loin, la lettre de change par exemple, qui, au XIIIe siècle, à peine connue en Europe, était là-bas l'objet de règlements minutieux ; tandis que d'autres, comme le chèque, ne devaient entrer que cinquante ans plus tard, au commencement du XVIIIe siècle, dans la pratique de l'Occident. Peut-être peut-on conclure de là que les Japonais ne furent pas seulement une race d'artistes. — On s'en convaincra mieux encore si l'on étudie leur ancien système de répartition des richesses ainsi créées. Là, sous le couvert d'un despotisme apparent, vous observez une véritable démocratie, sage et heureuse. Un socialisme paternel protège des millions de travailleurs, presque toujours producteurs autonomes, indépendants et fiers. Pour ne citer que la classe la plus nombreuse, celle des agriculteurs, quelle harmonie dans leur organisation laborieuse ! Ils étaient réunis en groupes patriarcaux, qui formaient des communautés de village : nul n'était asservi, car tout se faisait par le consentement général ; nul n'était écrasé d'impôts, car aucune taxe locale n'eût pu être levée sans le sceau de chaque contribuable ; nul n'était privé de secours, car un esprit d'aide mutuelle, qui pénétrait tout, tenait lieu à la fois de caisses d'épargne, de compagnies d'assurances, d'hôpitaux, d'hospices pour les enfants trouvés, de tribunaux, de tout ce qu'ont dû imaginer notre prévoyance, notre charité et notre justice officielles ; par-dessus tout, enfin, nul n'était exploité : car pas un créancier n'eût osé tenter l'expropriation d'un petit propriétaire malheureux, et, à son tour, pas un propriétaire n'eût refusé au fermier, en cas de mauvaise récolte, le produit entier de son travail. Ainsi, tous vivaient en paix, en bons voisins, chacun s'occupant de ses affaires sans négliger celles de la communauté générale ; ces pauvres paysans étaient de bons philosophes, et si, parmi eux, on trouvait peu d'hommes riches, du moins on n'y voyait jamais d'indigents. — Quant au système de consommation, enfin, et pour ne parler encore que de la grande classe agricole, quelle prudence dans les lois somptuaires que lui imposait le gouvernement ! Tout était réglé avec sollicitude, d'après les fortunes : la grandeur des maisons, l'étoffe des vêtements, les menus des repas ; et tous se soumettaient, reconnaissants, à ces dispositions bienveillantes qui les préservaient des sottises du luxe, des excès de boisson, des folles rivalités, de toutes les causes de misère. — Cette économie sociale n'était peut-être pas si mauvaise, puisqu'elle a fonctionné, harmonieusement, pendant les deux siècles et demi d'isolement de l'empire ; et si elle n'a pas fait du Japon le pays d'active culture, d'industrie fiévreuse, de commerce extérieur intense qu'il tend à devenir aujourd'hui, du moins peut-on dire que, pendant cette longue période, elle a donné au paysan, à l'ouvrier, au commerçant lui-même un bonheur qu'ils ne connaîtront plus désormais.

Mais de l'économie politique, passons au droit, qui, par ses attaches pratiques comme par ses élans vers un plus haut idéal, sert pour ainsi dire de transition entre la vie matérielle et la vie spirituelle d'un peuple. Dans cette nouvelle région, on pourra voir comment l'esprit japonais a poursuivi l'ordre et la justice ; et plus on fouillera l'énorme littérature où se sont entassées les lois et les coutumes du pays, depuis l'antiquité jusqu'à l'ère présente, plus on s'apercevra que l'histoire du droit japonais est digne d'obtenir une place d'honneur dans l'histoire générale des législations comparées. — Cette jurisprudence, en effet, nous montre aux prises toutes les doctrines sociales possibles, sous toutes les formes positives qu'elles peuvent revêtir : vieilles idées indigènes, autant religieuses que civiles, marquées à la fois dans les annales primitives et dans les anciens rituels ; nouvelles idées chinoises, bientôt mêlées aux premières, et reconnaissables dans toute la série des grands codes rédigés depuis le VIIIe siècle, en même temps que dans une multitude de lois impériales ou shôgounales, d'arrêts des magistrats, d'études critiques des commentateurs ; idées occidentales enfin, qu'une évolution savante fait peu à peu entrer dans la vie pratique, après les avoir inscrites dans la constitution et dans les codes actuels. Étudiez le droit public : vous y trouvez le secret de l'unité et de l'activité nationales dans le groupement patriarcal d'une nation entière autour de son plus ancien chef de famille, dans le culte enthousiaste de quarante millions d'âmes pour cette prodigieuse lignée d'empereurs qui se nomme elle-même « la dynastie ininterrompue dans l'éternité des âges », qui est à tout le moins la plus vieille maison régnante du monde, et en qui réside aujourd'hui même pour les Japonais, comme aux premiers temps de leur histoire, l'âme de la patrie, vivante aux yeux de ses fils. Étudiez le droit pénal : vous y découvrez une évolution assurément peu commune, la transformation graduelle d'un droit indulgent en un droit sévère, qui ne s'adoucit enfin lui-même que grâce à l'introduction de notre droit criminel. Étudiez le droit civil : en observant l'organisation de la famille, depuis les cérémonies initiales du mariage jusqu'aux règles les plus artificielles de l'adoption, vous penseriez relire les textes du droit romain ; tandis qu'en observant l'organisation de la propriété, sous l'ancien régime, vous croiriez voir revivre tout notre vieux système féodal ; en attendant que vous constatiez, non sans surprise, dans le nouveau code civil de l'empire, une œuvre législative égale, sinon supérieure, aux derniers projets européens [1]. Et si, du droit interne, vous étendiez vos regards au droit international lui-même, quelle série d'événements et d'idées, depuis les conceptions du Japon primitif, si hospitalier à l'étranger, en passant par celles de l'ancien régime, si ouvert et si fermé tour à tour, jusqu'à la période moderne, à l'exterritorialité, aux traités récents ! — Quelle étrange destinée que celle de ce peuple, et quel étonnant spectacle que celui de son aptitude à évoluer ! Il y a trente-trois ans, son édifice politique était un impérialisme idéal, à l'ombre duquel régnait le chef d'une aristocratie féodale : aujourd'hui, c'est un impérialisme réel, qui depuis dix ans s'est adjoint un système constitutionnel, et depuis l'an dernier un esprit parlementaire. Il y a trente-trois ans, son édifice domestique était une maison romaine : aujourd'hui, c'est presque une maison française, tant l'individualisme y a fait de progrès. Il y a trente-trois ans, son édifice national était une demeure close depuis des siècles : aujourd'hui, c'est un lieu public où se coudoie tout l'univers. Le Japon s'est renouvelé ; et cependant il garde son vieux génie : il a eu l'art de faire avec l'Europe, comme avec la Chine jadis, un échange où il gagnait tout sans rien perdre, où il s'enrichissait sans s'appauvir. N'est-ce pas dire assez que son droit, plus que celui de toute autre nation peut-être, est un objet de choix pour l'historien qui aime à chercher, sous l'apparence factice des tranfor-

[1] Nous sommes heureux de faire remarquer ici que, des trois principaux rédacteurs du nouveau Code, MM. Noboushigé Hodzoumi, Masaakira Tomii et Kendjirô Oumé, tous trois professeurs à la Faculté de droit de Tôkio, les deux derniers sont de brillants docteurs de notre Université de Lyon.

mations légales, les plus intimes ressorts du progrès des sociétés.

Arrivons enfin à la partie la plus élevée de la civilisation, à cette vie proprement spirituelle qui se trouve déjà sans doute à la racine de l'arbre social, mais qui en apparaît surtout comme la fleur et l'épanouissement suprême. Le fond essentiel de cette psychologie nationale, c'est la religion. — Or, quel plus beau sujet d'étude, pour l'historien des religions comparées, que celui de la religion japonaise, sous les formes multiples qu'elle a revêtues tour à tour? Au début, vous êtes en présence du vieux Shinnto, c'est-à-dire en face d'un culte des ancêtres et de la nature où semble revivre l'âme antique. A mesure que vous analysez cette religion lointaine, dans les précieux documents écrits qui, par fortune, nous en sont restés; à mesure que vous pénétrez les rituels des pontifes et les annales des anciens règnes, pour extraire de tout cela les idées élémentaires de la race sur la vie et la mort, sur le sommeil et les rêves, sur les esprits, sur les dieux, sur le monde futur, puis la mythologie où ces idées ont pris corps, les cérémonies enfin, publiques ou privées, au moyen desquelles elles s'expriment; et à mesure que vous rapprochez cette « voie des dieux », comme l'appellent ses propres fidèles, du chemin sacré qu'ont suivi les autres peuples, vous constatez une fois de plus que ces routes sont parallèles et que l'évolution religieuse fut partout la même dans l'humanité. Mais bientôt survient le Bouddhisme qui, en se mêlant à cette doctrine nationale, s'éloigne de plus en plus du bouddhisme chinois, comme celui-ci avait fait du bouddhisme hindou; et vous voyez se dérouler toutes les sectes, avec leurs systèmes et leurs controverses : les six sectes chinoises des VIIe et VIIIe siècles; les deux grandes sectes originales du IXe, je veux dire la secte ésotérique de Tenndaï et la secte symbolique de Shinngonn; les quatre sectes des XIIe et XIIIe siècles, la secte pessimiste de Djôdô, la secte contemplative de Shinn, la secte quiétiste de Dzèn, la secte militante et bien japonaise de Nitchirèn; et ainsi de suite, jusqu'au XVIIIe siècle, où le Shinntoïsme ancien, soudain réveillé, secoue son manteau bouddhique et prépare, d'une manière aussi efficace qu'inattendue, la restauration politique de 1867. Pendant ce temps, depuis le XVIe siècle jusqu'à nos jours, depuis ses premières victoires jusqu'à ses dernières défaites, le christianisme japonais nous offre une histoire d'autant plus curieuse que, mettant en présence, et par suite en conflit, toutes les notions héréditaires de l'Europe et celles de l'Extrême-Asie, elle nous fait toucher du doigt quelques-uns des caractères les plus essentiels, les plus profonds de la psychologie japonaise. Ce développement des religions se trouve encore compliqué, à chaque étape, par la marche simultanée des idées philosophiques et morales, qui peu à peu remplacent les dogmes abolis; et vous assistez enfin, sous cette ère actuelle que les Japonais nomment « l'ère lumineuse », à la mêlée suprême de la douzaine de sectes shinntoïstes, de la centaine de sectes bouddhistes et de la dizaine de sectes chrétiennes qui se disputent furieusement l'âme du peuple, tandis que l'aristocratie intellectuelle, partie de Confucius pour aboutir à Herbert Spencer, ne veut plus avoir d'autre religion désormais que la religion de la science, d'autre morale que la morale naturelle, d'autre philosophie que celle de l'évolution.

Si maintenant, de ce côté religieux de la pensée japonaise, le psychologue passe à l'étude de ses aspects profanes, et si, quittant ces graves problèmes, il s'attache à l'analyse de conceptions plus légères et de sentiments plus vraiment humains, une immense littérature, trop peu connue, va lui ouvrir des perspectives toutes nouvelles sur le génie de la race. Cette littérature japonaise, si riche d'idées, a été assez discutée au point de vue des mots pour qu'on puisse maintenant, sur les bases acquises par les philologues, commencer le travail proprement littéraire; et plus on avancera dans cette œuvre, plus on s'apercevra que non seulement les écrivains japonais nous offrent les plus précieux indices pour la connaissance de leur esprit national, mais que par surcroît, rapprochés de nos écrivains occidentaux, anciens ou modernes, ils peuvent donner matière à mille comparaisons aussi curieuses qu'inattendues. C'est d'abord la poésie, toujours enfermée en de petites pièces qui rappellent l'épigramme antique. Était-ce manque de souffle? Était-ce sentiment profond de cette vérité qu'on ne peut écrire dix beaux vers de suite, et que par conséquent il vaut peut-être mieux noter au jour le jour, sous une forme parfaite, chaque élan, chaque impression lyrique de l'esprit? Toujours est-il que les Japonais n'ont presque jamais connu les longues déclamations épiques ou tragiques, les larges envolées des Hindous ou des Grecs. Mais, dans le cadre étroit qu'ils avaient choisi, que de choses exquises! Soit qu'ils expriment, avec un enthousiasme ignoré chez nous, leur sentiment de la nature, leur adoration devant la fleur ou l'oiseau, devant les brouillards de la montagne ou devant le clair de lune sur la mer, devant tous les enchantements de leur terre divine, soit qu'ils modulent leurs plaintes sur les mélancolies de la vie humaine, sur les tourments de l'amour, sur les regrets de l'ambition, sur l'approche de la mort rapide, toujours ils nous suggèrent, dans un espace qui le plus souvent n'est que de trente et une syllabes coupées en cinq vers, tout un monde illimité de pensées. Mais de ces poésies, qui ont à tout le moins le grand mérite d'être courtes, venons-en à la prose, où l'écrivain japonais se rattrape par d'interminables développements. Sans parler ici de la littérature historique, depuis les premiers recueils d'annales officielles et les premières chroniques privées jusqu'aux travaux critiques récents; de la littérature religieuse, depuis les textes sacrés des temps anciens jusqu'au dernier recueil de sermons modernes; et en laissant de côté, à plus forte raison, les livres didactiques relatifs au droit, aux sciences, aux arts, les traités et les encyclopédies de toute espèce, il reste encore, dans les genres littéraires où l'imagination surtout domine, un prodigieux amoncellement d'ouvrages à étudier. Le roman, par exemple, est un des genres qui ont été le plus cultivés par les Japonais : les romans de cour, les romans de chevalerie, les romans historiques, les romans de mœurs se succèdent, par centaines, depuis le xe siècle jusqu'à nos jours, et, à chaque époque, nous révèlent, bien mieux que les livres d'histoire proprement dits, l'état de la civilisation contemporaine. Ouvrez le roman de Ghennji, composé vers l'an 1000 par une grande dame du palais de Kiôto : vous avez sous les yeux toute la vie de l'élégante capitale, vous assistez à toutes les occupations familières de la société d'alors, aux fêtes religieuses ou profaues, aux concours de poésie, aux expositions de peinture, aux concerts, aux promenades sous la lune, aux intrigues des courtisans, aux aventures amoureuses des filles d'honneur; et en somme, le livre fermé, vous en savez autant sur cette cour du vieux Japon que sur le siècle de Louis XIV. Mais un genre plus intéressant encore, sinon pour l'historien, du moins pour le lettré, c'est le théâtre. Vous voyez d'abord le drame se dégager peu à peu de la danse et du chœur antiques; puis, au XVe siècle, et surtout au XVIIIe, se doubler d'un nouveau système, romantique et populaire, où dominent surtout les pièces historiques et les comédies de mœurs. Or, si vous allez aujourd'hui à une des vieilles représentations classiques qui font encore les délices de l'aristocratie japonaise, qu'y voyez-vous? Le théâtre grec ressuscité : la même scène en plein air, le même chœur, la même attitude des acteurs masqués, la règle des trois unités exactement observée, très souvent aussi les mêmes passions, les mêmes nuances de sentiment issues d'une religion et d'une morale analogues. Ne vaudrait-il pas la peine de continuer la comparaison, textes en mains, et cette étude ne pourrait-elle pas nous aider à mieux comprendre le théâtre grec lui-même? Mais il y a plus, et après le roman, après le théâtre, la littérature japonaise possède des genres mineurs qui, pour le psychologue, ont peut-être encore plus de prix, parce qu'ils le font entrer plus familièrement dans l'intimité de l'âme indigène. Je fais allusion surtout au genre des pensées et à celui du journal intime, qui tous deux ont été de très bonne heure pratiqués là-bas. Comme recueils de pensées, rien de plus charmant que le cahier de notes de Sé Shônagon, une femme d'esprit du XIe siècle, dame d'honneur de l'impératrice et terreur des courtisans qui, dit-on, pâlissaient à sa seule approche, tant ils redoutaient ses plaisanteries sans réplique; une vraie femme française, du vieux temps, bonne et tendre au fond, mais garçonnière, audacieuse, s'amusant de tout sans penser à mal, n'épargnant jamais un fat qui l'a agacée ou un prédicateur qui l'a ennuyée, nous livrant de prime-saut, avec une parfaite franchise, son opinion personnelle sur tout ce qu'elle voit, sur tout ce qu'elle entend, sur tout ce qu'elle adore ou ce qu'elle déteste, et nous laissant ainsi un petit chef-d'œuvre étincelant de verve malicieuse, d'observation sincère et d'aimable enjouement. A côté de cette Sévigné, voici un La Bruyère : le révérend Kennkô, un moine du XIVe siècle, d'abord homme du monde brillant, puis religieux philosophe, qui, après avoir traversé la vie en moraliste averti, pénétré la cour et la ville et bien pesé le fond de tout, a quitté le palais pour un ermitage bouddhique où il nous livre toute sa provision d'expérience ; à chaque page, vous êtes ravi de l'empreinte originale, ingenieuse, dont il sait marquer toute vérité générale, et en parcourant ses fines esquisses, ses anecdotes sceptiques, ses piquantes réflexions sur les caractères humains, sur les usages sociaux, sur les diverses passions, sur tous les hauts et les bas de notre pauvre nature, vous êtes volontiers tenté de conclure, comme lui, que le suprême bonheur est peut-être bien une heure d'étude tranquille, sous la lampe, en conversation avec quelque vieil auteur. Même intérêt dans le genre du journal intime, qui d'ailleurs touche de près au genre précédent, l'un empiétant souvent sur l'autre. Soit que vous lisiez l'élégant journal de Mouraçaki et ses délicates peintures de la cour, soit que vous retrouviez, dans le journal de Tchômé, l'impression laissée par les famines, les incendies, les tempêtes, les tremblements de terre, les fléaux de toute espèce qui désolèrent le peuple au moyen-âge, et l'état d'âme d'un homme du XIIIe siècle jeté à la solitude par le dégoût du triste monde féodal, sans cesse vous obtenez, à travers ces écrits, une vue immédiate de l'ancienne société, sous toutes ses faces, avec toutes ses misères et toutes ses splendeurs. Et si, de ces chefs-d'œuvre classiques, chers à tout lettré japonais, on en arrive enfin, de périodes en périodes, jusqu'à la littérature contemporaine, quel sujet d'études pour l'Européen ! Car cette fois, c'est son propre génie qui se trouve aux prises avec le génie du pays ; c'est l'ardente mêlée des idées occidentales et des idées orientales qu'il contemple ; et dans les milliers d'essais philosophiques ou moraux, de livres historiques, de mémoires, de romans, d'œuvres de critique ou de fantaisie qui chaque année sortent des presses, dans les polémiques littéraires des grandes revues et des journaux, dans les traductions mêmes qui, le plus souvent, sont de très curieuses adaptations d'une conception anglaise, française ou allemande au goût indigène, c'est l'âme du vieux Japon qu'il voit se transformer sous ses yeux, par une évolution lente et sûre, comme tout à l'heure, en étudiant le droit ou l'économie modernes, il voyait se renouveler et se rajeunir son corps social.

Resterait à parler des arts, qui ont tenu une si large place dans la civilisation japonaise : de la peinture, depuis les grands artistes bouddhiques du IXe siècle et depuis les classiques contemporains de notre renaissance italienne, jusqu'à l'école vulgaire du siècle présent; de l'architecture, avec ses monuments d'une forme si simple, d'une si prodigieuse décoration; de la sculpture, avec ses dieux et ses monstres; du travail des métaux, depuis les colossaux bouddhas de bronze de jadis jusqu'aux admirables petits objets que fouille l'argentier moderne; de l'art du laqueur, avec ses productions merveilleuses, ses paysages de rêve aux chatoiements d'or; de la céramique, avec ses vases aux formes exquises, aux tons discrets ou flamboyants; de la tapisserie, avec ses envolées de dragons et ses épanouissements de fleurs éclatantes; de la gravure sur bois, avec ces vieilles estampes en couleurs dont personne chez nous n'a pu imiter les douces nuances. Puis, dans un domaine moins connu, il faudrait étudier la musique japonaise : la musique shinntoïste, avec ses flûtes antiques, la musique bouddhiste, avec ses grands chœurs, la musique profane, avec ses lyres aux sons purs; il faudrait comparer ce système harmonique avec les anciens systèmes de l'Occident; il faudrait surtout suivre cet art dans ses diverses fonctions sociales, au temple et au théâtre aussi bien que dans la vie privée et dans la pratique de l'éducation. Enfin, ne suffit-il pas de faire allusion à l'art de la danse pour laisser prévoir tout ce qu'on pourrait dire sur ce sujet à propos d'un peuple qui, comme les Grecs, lui a donné un si haut rang dans sa vie esthétique, tant religieuse que profane? Mais on sait assez que les Japonais furent une race d'artistes pour qu'il soit inutile d'insister davantage sur ce côté brillant de leur civilisation.

Parvenus à ce point, un seul regard jeté en arrière suffit à nous convaincre que, depuis sa base économique et sociale jusqu'à ses sommets les plus élevés, la civilisation japonaise est un objet digne d'étude. A tous les degrés de sa longue histoire, comme dans toutes les parties diverses de son développement général, elle offre au chercheur les plus riches matières. C'est une civilisation complète qu'il a sous les yeux, un vaste ensemble où tout se tient et dont chaque détail a sa valeur propre. En même temps, à mesure qu'il comprend mieux les rapports du tout et des parties, à mesure qu'il devine les communications invisibles qui relient toutes ces provinces différentes sous l'empire d'un même esprit national, il voit peu à peu se dégager le génie particulier de la race. Les transformations politiques, sociales, économiques du pays se ramènent à des transformations plus intimes; les formes extérieures révèlent leur fond caché : une psychologie latente a tout produit, comme la sève d'un arbre son écorce. Cette psychologie, à son tour, analysée dans ses manifestations religieuses, littéraires, artistiques, poursuivie sans cesse à travers toutes les apparences brillantes qu'elle peut revêtir, finit par livrer son dernier secret. Un certain esprit se distingue, permanent malgré tous les changements de la société, tenace en dépit de toutes les importations étrangères, éternellement présent au cœur de la pensée japonaise qu'il inspire, modère et conduit.

Comment le définir, cet esprit japonais, qui pénètre ainsi toute la vie du peuple ? De quoi se compose-t-il ? Quelle en est l'essence ? C'est ce qu'il est plus facile de faire comprendre par des exemples que par des abstractions. Ainsi, lorsque vous êtes en face d'un pur shinntoïste, d'un fidèle de cette vieille religion nationale dont l'unique précepte est d'honorer les dieux en suivant les instincts spontanés du cœur, vous n'avez pas de peine à vous expliquer pourquoi tout dogme étranger lui semble une superstition grossière : cet homme, qui suit en paix la voix de sa conscience, ne peut avoir que du mépris pour les Barbares dont l'honnêteté douteuse exige d'autres commandements et d'autres sanctions; pour lui, toute religion est chose inutile, à moins qu'on ne l'emploie, en désespoir de cause, pour diriger au bien un peuple de scélérats. De même, si vous causez avec un philosophe du pays, dont le jeu intellectuel normal consiste à procéder toujours par synthèses prudentes plutôt que par analyses hardies, vous sentez bientôt pourquoi il sourit de nos abstractions métaphysiques : cet homme, qui pense dans le réel, ne comprend pas plus un raisonnement construit dans le vide que le shinntoïste n'entendait un cri d'angoisse poussé vers l'infini. Pareillement encore, en ce qui touche la morale, vous ne voyez guère prêcher là-bas de théories ambitieuses : mais observez, dans la pratique, la conduite actuelle de ces Japonais en apparence si légers, ou bien lisez les impressions des premiers voyageurs d'Europe qui les étudièrent : un homme de sentiment, saint François-Xavier, vous déclare que « ce peuple est les délices de son âme », et un homme de science, le vieux Kaempfer, vous affirme que « pour la pratique des vertus, pour la pureté de la vie, les Japonais surpassent de beaucoup les chrétiens » ; ce qui vous amène à la conception d'une morale indépendante qui a peut-être bien son prix et sa force. Vous apercevez alors que la religion, la philosophie ou la morale japonaises se rapprochent beaucoup plus de celles d'un sage ancien que de celles d'un Occidental moderne. C'est la vie spirituelle d'un peuple équilibré et discret, qui ne raisonne pas trop sur la nature des dieux, qui ne prétend pas mettre tout mystère en formules, et qui se contente de faire son devoir, sans presque y penser. Cette modération se révèle encore mieux dans la littérature, où les idées et les sentiments de la nation ont pu s'exprimer de mille manières, et où, grâce à la peinture vivante des passions, à la description animée des mœurs, à la reproduction fidèle et fine de la vie, vous pouvez surprendre à tout moment les plus délicates nuances de cet esprit simple et tempéré. Dans un récit d'amour, dans une scène de vengeance, dans toutes les situations extrêmes où d'ordinaire l'homme est le plus prompt à s'exalter, l'auteur japonais ne vous montrera jamais, ni les effusions d'une sensibilité qui ne sait se contenir, ni les transports furieux d'une colère aveugle : tout se passera raisonnablement, sans grands gestes et sans éclats, avec une noble aisance et une parfaite politesse. Le même esprit enfin apparaît dans les arts, et c'est là surtout, gravée sur des objets matériels, que l'empreinte en devient visible. Lorsque vous avez une fois saisi ce principe de sobriété qui possède pour ainsi dire l'âme du peuple, et lorsque vous avez remarqué les applications qu'en firent ses artistes dans tous les domaines où ils se sont exercés, vous comprenez pourquoi, au premier abord, tout œil japonais considère une cathédrale gothique comme un monument ambitieux qui manque de proportions, un appartement européen comme une espèce de bazar où nul objet n'est à sa place, un tableau de nos maîtres comme une photographie brutalement coloriée, tandis que le meilleur concert blesse son oreille par la complexité de ses sonorités éclatantes et que le ballet le plus éblouissant, produisant sur lui l'effet que ferait sur nous un divertissement de sauvages, excite au plus haut degré son hilarité. Demandez-vous maintenant, sans faux orgueil, ce qu'un ancien Grec, revenant au monde, penserait de notre religion, ou de notre littérature, ou de nos beaux-arts, et vous aurez la clef de ces critiques japonaises. C'est que les Japonais, comme ces lointains Hellènes que nous célébrons si fort, que nous imitons si peu, eurent une rare qualité qu'ignorent de plus en plus, à tort ou à raison, les peuples de l'Occident moderne. Le sens de la mesure, voilà le suprême secret de la psychologie japonaise, depuis le règlement de la vie morale jusqu'à l'arrangement intérieur d'une maison; voilà ce qui rapproche si curieusement le génie japonais du génie hellénique, peut-être même un peu du génie français; et voilà aussi ce qui fait pour nous le charme de cette civilisation si humaine, si complète en son genre, si belle dans sa simplicité. Les Japonais n'auraient sans doute rien eu à nous envier si, comme les Grecs encore, ils ne s'en étaient à peu près tenus à l'étude des mathématiques, dans le domaine des sciences, et s'ils n'avaient négligé ces recherches physiques auxquelles nous devons tant de prodiges; par malheur pour eux, ces grands amoureux de la nature ne songèrent pas à la dompter. Mais, ce point excepté, leur culture vaut la nôtre, et tout historien doit maintenant la connaître, s'il veut reculer les bornes de sa science jusqu'aux limites du monde civilisé.

TABLE DES MATIÈRES

ÉVREUX, IMPRIMERIE DE CHARLES HÉRISSEY

www.ingramcontent.com/pod-product-compliance
Ingram Content Group UK Ltd.
Pitfield, Milton Keynes, MK11 3LW, UK
UKHW012224240726
13966UKWH00003B/931

9 782013 416801